100 RECETTES À DÉVORER

CUISINE D'ASIE

pour un voyage gourmand

SOLAR EDITIONS

Directeur éditorial : Didier Férat
Directrice éditoriale adjointe : Corinne Cesano
Édition : Marjorie Goussu
Création et direction artistique de la couverture : Claire Guigal
Mise en page & Photogravure : Nord Compo
Fabrication : Laurence Duboscq

Solar | un département **place des éditeurs**

place
des
éditeurs

ISBN : 978-2-263-07241-3
Code éditeur : S07241
Dépôt légal : janvier 2016
Imprimé en Espagne par Macrolibros

SOMMAIRE

Des idées pour...

UN DÎNER GOURMAND EN CHINE :

Pâtés impériaux, p. 20

Poulet pimenté aux cacahuètes, p. 74

Gâteau de riz aux huit trésors, p. 172

UN REPAS SUR LE POUCE AU VIETNAM :

Rouleaux de Printemps, p. 6

Bánh mi, p. 66

Ananas pané à la noix de coco et au curry, p. 182

UN DÎNER ENTRE AMIS EN CORÉE :

Kimchi, p. 12

Bibimbap, p. 148

Gogumattang, p. 190

UN APÉRO EN INDE :

Chapatis, p. 10

Raïta, p. 24

Samosas, p. 58

UN DÎNER D'ÉTÉ EN THAÏLANDE :

Salade de crevettes à la citronnelle, p. 26

Poulet en feuilles de pandanus, p. 86

Riz au lait de coco et à la mangue, p. 174

UNE SOIRÉE EN AMOUREUX AU JAPON :

Gyozas, p. 18

Chirashi à l'anguille, p. 77

Mochis glacés, p. 168

ROULEAUX DE PRINTEMPS

Pour 4 personnes
Préparation : 30 minutes
Cuisson : 15 minutes

8 feuilles de riz
150 g de nouilles de soja
16 pois gourmands
1 concombre pelé
2 salades sucrines
(ou romaines)
1 botte de radis roses
1 botte de menthe fraîche
1 botte de coriandre
1 cuil. à café de purée
de piments
1 cuil. à café de sauce soja
salée
1 cuil. à café d'huile
de sésame
4 pincées de graines
de sésame noir
(1 pincée par assiette)

Pour servir :
Laitue
Menthe fraîche
Sauce pour nems

VIETNAM

1. Faites cuire les nouilles de soja selon les indications portées sur l'emballage, puis passez-les sous un filet d'eau froide. Faites cuire les pois gourmands 5 minutes dans une casserole d'eau bouillante, puis passez-les sous un filet d'eau froide. Découpez le concombre en bâtonnets en ôtant le cœur. Coupez les sucrines en julienne et les radis roses en tranches très fines. Effeuillez la menthe et la coriandre. Réservez chacun de ces ingrédients dans un bol différent.

2. Préparez la vinaigrette en mélangeant la purée de piments, la sauce soja et l'huile de sésame.

3. Imbibez légèrement 1 feuille de riz d'eau froide et disposez-la sur un linge propre. Saupoudrez de quelques graines de sésame noir.

4. Déposez à la base de la feuille de riz un peu de sucrine, 2 pois gourmands, un peu de nouilles de soja, du concombre, du radis rose, quelques feuilles de menthe et de coriandre. Déposez 1 cuillerée à café de vinaigrette sur les ingrédients.

5. Rabattez les côtés de la feuille de riz, ainsi que le côté inférieur. Serrez la farce et roulez vers le haut. Renouvelez l'opération avec les autres feuilles de riz. Servez avec des feuilles de menthe, de laitue et de la sauce pour nems.

BEIGNETS D'AUBERGINE
à l'indienne

Pour 4 personnes
Préparation : 10 minutes
Cuisson : 7 minutes

1 grosse aubergine (400 g environ)
1 gros œuf
50 g de chapelure grossière ou de panko (chapelure japonaise)
3 cuil. à soupe de farine de pois chiches
1 cuil. à café de graines de cumin
2 gousses de cardamome
½ cuil. à café de curry jaune de Madras
½ cuil. à café de gingembre en poudre
¼ cuil. à café de coriandre en poudre
30 cl d'huile végétale
Sel fin

1. Lavez et essuyez l'aubergine. Ôtez le pédoncule, puis coupez-la en rondelles assez fines (4 à 5 mm d'épaisseur). Faites précuire les tranches d'aubergine dans un récipient fermé au micro-ondes à pleine puissance pendant 3 minutes ou au cuit-vapeur pendant 8 minutes. Égouttez et épongez les tranches à l'aide d'un papier absorbant, puis laissez refroidir.

2. Dans une assiette creuse, mélangez la farine, les épices et 2 pincées de sel. Dans un bol, battez l'œuf à la fourchette avec 3 cuillerées à soupe d'eau, puis réservez.

3. Passez les rondelles d'aubergine dans la farine de pois chiches épicée, dans l'œuf puis dans la chapelure. Dans une poêle, faites chauffer l'huile, puis dorez les aubergines panées à feu moyen, 2 minutes de chaque côté.

4. Servez immédiatement, accompagné d'un yaourt nature battu avec une gousse d'ail écrasée.

INDE

CHAPATIS

Pour 4 personnes
Préparation : 10 minutes
Repos : 1 heure
Cuisson : 8 minutes

220 g de farine (type 45)
6 cuil. à soupe de ghee (ou de beurre fondu)
1 cuil. à café de garam masala
1 pincée de sel

INDE

1. Tamisez la farine dans une jatte avec le sel et le garam masala. Faites un puits au centre, ajoutez 4 cuillerées à soupe de ghee et 6 cl environ d'eau tiède. Travaillez du bout des doigts pour obtenir une pâte molle et malléable. Ajoutez un peu d'eau ou de farine si nécessaire. Pétrissez cette pâte au moins 5 minutes, puis ramassez-la en boule et couvrez-la d'un linge. Laissez reposer 1 heure.

2. Divisez la pâte en 8 petites boules de taille égale. Laissez reposer encore 20 minutes.

3. Écrasez avec trois doigts une boule de pâte, puis étalez-la très finement, en un disque de 12 cm de diamètre environ. Procédez de même avec les autres boules.

4. Faites chauffer sur feu moyen une petite poêle antiadhésive, puis déposez-y le premier disque de pâte. Laissez-le cuire environ 50 secondes, puis retournez-le. Pendant la cuisson de la deuxième face, appuyez dessus régulièrement, avec un torchon légèrement humide, pour l'aider à gonfler.

5. Finissez la cuisson dans la poêle ou, idéalement, si vous avez une cuisinière à gaz, déposez le chapati directement sur les flammes baissées au minimum : en quelques secondes, il se gonfle comme par enchantement.

6. Déposez le chapati cuit dans une assiette, nappez-le de ghee et faites cuire les suivants.

KIMCHI

Pour un grand bocal en verre de 1,8 l
Préparation : 30 minutes
Repos : 1 nuit
Fermentation : 3-5 jours

2 choux chinois (poids total 1,5 kg)
6 oignons frais
2 carottes pelées et coupées en julienne
1 cuil. à soupe de graines de sésame
100 g de gros sel

Pour la pâte d'épices :
5 gousses d'ail pelées et écrasées au presse-ail
6 cm de gingembre pelé et râpé
3 cuil. à soupe de sauce de poisson (colature d'anchois)
2 cuil. à soupe de sauce soja
1 cuil. à soupe de sucre en poudre
2 cuil. à soupe de gochugaru (piment coréen en poudre)

1. Coupez la base des choux chinois et lavez chaque feuille. Coupez les feuilles tous les 5 cm horizontalement. Dans un grand bol, mettez les lanières de chou, le gros sel et versez de l'eau froide à hauteur. Placez un poids dessus pour que le chou reste bien immergé. Laissez reposer toute la nuit.

2. Le lendemain, lavez le chou à l'eau froide. Préparez la pâte d'épices en mélangeant l'ail, le gingembre, la sauce de poisson, la sauce soja, le sucre et le piment coréen. Réunissez le chou, la julienne de carottes, les oignons blancs finement hachés, le sésame et la pâte d'épices.

3. Mélangez, couvrez et laissez fermenter à température ambiante entre 3 et 5 jours. Le kimchi est prêt quand il est à votre goût. Vous pouvez ne le laisser fermenter que quelques heures, ce qui en fait alors une salade très originale.

CORÉE

CALAMARS HACHÉS ET ROULÉS
à la feuille de shiso

Pour 4 personnes
Préparation : 30 minutes
Cuisson : 2 minutes

8 feuilles de shiso
6 cuil. à soupe de fécule de pomme de terre
Huile pour friture

Pour la farce :
300 g de calamars
2 cuil. à soupe de fèves
½ blanc d'œuf
1 cuil. à café de gingembre râpé
1 cuil. à café de sauce soja
Sel

Pour servir :
Le jus de ½ citron
4 cuil. à soupe de sauce soja

1. Videz les calamars, enlevez leur peau et hachez-les grossièrement. Passez les fèves à l'eau bouillante, puis plongez-les dans l'eau froide, égouttez-les, épongez-les avec du papier absorbant et épluchez-les. Battez le blanc d'œuf en neige.

2. Préparez la farce : dans un bol, mélangez les calamars hachés, la sauce soja, le gingembre, du sel, les fèves, puis ajoutez soigneusement le blanc d'œuf battu en neige. Si la farce est trop liquide, ajoutez de la fécule.

3. Coupez les feuilles de shiso en deux. Chauffez l'huile de friture à 180 °C.

4. Partagez la farce en 16 parts à l'aide d'une cuillère. Enroulez-les dans des feuilles de shiso et saupoudrez de fécule.

5. Faites frire 2 minutes environ. Égouttez sur une grille ou du papier absorbant.

6. Plantez sur des piques à brochettes, servez avec le jus de citron et la sauce soja.

JAPON

PRODUCT OF JAPAN

SOUPE DE POULET
au galanga (tom ka kai)

Pour 4 personnes
Préparation : 15 minutes
Cuisson : 40 minutes

60 cl de bouillon de volaille (frais ou préparé avec du concentré)
60 cl de lait de coco
250 g de chair de poulet sans peau (blanc ou cuisses désossées)
1 cuil. à café de sucre de palme
2 tiges de citronnelle
3 échalotes rouges
2 racines de coriandre
2 feuilles de limettier kaffir
3 à 5 petits piments (selon le goût)
10 rondelles de galanga de 5 mm d'épaisseur
2 cuil. à soupe de sauce de poisson (nam pla)
1 cuil. à soupe de jus de citron vert
1 cuil. à soupe de feuilles de coriandre
1 pincée de sel

THAÏLANDE

1. Grattez et lavez les racines de coriandre. Pilez-les légèrement dans un mortier. Pelez les échalotes et émincez-les en fines rondelles. Retirez le vert des tiges de citronnelle pour ne conserver que la partie blanche ; aplatissez-les avec la lame d'un gros couteau. Lavez et épépinez les piments ; hachez-en un ou deux et émincez finement le reste.

2. Versez le bouillon et le lait de coco dans une casserole, ajoutez la citronnelle, le sucre, les piments hachés, les racines de coriandre, la moitié des échalotes, les feuilles de limettier et le galanga ; amenez à ébullition. Faites cuire 30 minutes à très petits frémissements, puis transvasez le mélange dans une autre casserole, en le filtrant à travers une passoire.

3. Coupez le poulet en morceaux et mettez-le dans le bouillon avec le sel, le jus de citron vert, la sauce de poisson et le reste des échalotes. Faites cuire une dizaine de minutes à petits frémissements, puis versez dans une soupière ou des bols. Parsemez les feuilles de coriandre et les piments émincés. Servez très chaud.

GYOZA

Pour 4 personnes
Préparation : 20 minutes
Cuisson : 7 minutes

120 g de viande de porc maigre hachée
40 g de chou chinois émincé
20 g de cébette ou d'oignon nouveau hachés
1 gousse d'ail pelée et râpée
2 g de gingembre cru pelé et haché
1 paquet de pâte à gyoza
1 cuil. à soupe de sauce soja
1 cuil. à soupe de saké
3 cuil. à soupe d'huile de sésame
Sel

Pour la sauce :
Vinaigre de riz
Sauce soja

1. Dans un saladier, versez la viande hachée, le chou chinois, le gingembre, l'ail, la cébette, le saké, la sauce soja, 1 cuillerée à soupe d'huile de sésame et du sel. Pétrissez avec les mains pour obtenir une farce homogène.

2. Déposez un peu de garniture au centre d'une feuille de pâte à gyoza. Humidifiez les bords et repliez la pâte pour former un croissant. Pincez bien les bords pour que la garniture ne s'échappe pas. Répétez l'opération avec le reste des ingrédients.

3. Dans une poêle antiadhésive, faites chauffer 2 cuillerées à soupe d'huile de sésame étalées à l'aide d'un pinceau de cuisine. Disposez les gyoza, versez 3 mm d'eau, couvrez et laissez cuire 5 ou 6 minutes à feu moyen.

4. Quand l'eau est évaporée, retirez le couvercle et faites griller les gyoza pendant 2 minutes, sans les retourner.

5. Sortez les gyoza à l'aide d'une spatule et disposez-les sur les assiettes. Préparez une sauce composée de deux tiers de vinaigre de riz et un tiers de sauce soja, puis servez aussitôt.

JAPON

PÂTÉS IMPÉRIAUX

VIETNAM

Pour 6 personnes
Préparation : 45 minutes
Cuisson : 4 minutes

1 blanc d'œuf
200 g de porc finement haché
200 g de crevettes crues décortiquées
1 petite carotte
1 cuil. à café d'huile de sésame
50 g de vermicelles de soja
1 cuil. à soupe de sauce soja
20 g de champignons noirs séchés
1 cuil. à café de fécule de pomme de terre
Quelques feuilles de laitue
Quelques tiges de menthe
1 paquet (30) de galettes de blé surgelées pour nems
Sel et poivre du moulin
Huile de friture

Pour la sauce :
2 cuil. à soupe de vinaigre de riz
1 cuil. à soupe de sucre
2 cuil. à soupe de nuoc-mâm
1 petite gousse d'ail pelée et écrasée (facultatif)
Un peu de carotte râpée (facultatif)

1. Préparez la sauce. Faites chauffer doucement le vinaigre, le nuoc-mâm et le sucre. Quand ce dernier est bien fondu, ajoutez 8 cuillerées à soupe d'eau, l'ail et la carotte. Conservez au réfrigérateur dans une petite bouteille.

2. Laissez décongeler les galettes de blé 2 heures à température ambiante, ou placez-les la veille au réfrigérateur. Faites tremper les champignons 30 minutes dans de l'eau chaude. Égouttez-les, coupez la base et hachez-les finement. Épluchez, lavez et râpez la carotte. Faites tremper les vermicelles 20 minutes dans de l'eau tiède. Égouttez-les bien et coupez-les en morceaux. Hachez finement les crevettes au couteau.

3. Dans un saladier, réunissez le porc, les crevettes, les champignons, les vermicelles, le blanc d'œuf, la fécule, la sauce soja et l'huile de sésame. Salez, poivrez et mélangez pour bien homogénéiser l'ensemble.

4. Étalez une galette, posez 1 cuillerée de farce en cylindre au quart de la feuille. Rabattez le coin inférieur sur la garniture, puis repliez les deux angles opposés vers le centre et enroulez jusqu'au bout de la feuille. Faites chauffer de l'huile de friture dans une sauteuse. Plongez-y les rouleaux, par petites quantités pour qu'ils ne se touchent pas, et laissez-les frire 3 ou 4 minutes, en les retournant une ou deux fois, jusqu'à ce qu'ils soient bien dorés.

5. Égouttez-les sur du papier absorbant. Servez chaud, avec des belles feuilles de laitue et de menthe, pour les envelopper avant de les tremper dans la sauce à nems.

SALADE CHINOISE

Pour 4 personnes
Préparation : 15 minutes

4 champignons noirs
30 g de vermicelles de soja transparents
250 g de germes de soja frais
1 concombre

Pour la vinaigrette :
4 cuil. à soupe de sauce soja
3 cuil. à soupe d'huile
1 cuil. à soupe de sucre en poudre
3 cuil. à café d'huile de sésame
2 cuil. à café de sucre
Sel

1. Faites tremper les champignons noirs et les vermicelles de soja dans un bol d'eau chaude pendant 10 minutes environ ; égouttez. Coupez les champignons en fines lamelles. Épluchez le concombre et émincez-le finement. Réservez.

2. Faites blanchir les germes de soja dans de l'eau bouillante. Passez-les sous l'eau froide, puis égouttez-les dans une passoire.

3. Mélangez les ingrédients de la vinaigrette dans un saladier. Ajoutez tous les éléments de la salade. Remuez délicatement. Réservez au réfrigérateur jusqu'au moment de servir.

RAITA DE CONCOMBRE

Pour 4 personnes
Préparation : 5 minutes

1 gros concombre
1 cuil. à soupe de jus de citron vert
1 yaourt brassé
1 pincée de curcuma
1 pincée de paprika
1 cuil. à café de garam masala
2 brins de coriandre fraîche
Sel et poivre

1. Pelez le concombre, puis coupez-le en deux dans la longueur. Videz-le de ses graines à l'aide d'une petite cuillère. Détaillez-le en petits dés, mettez-les dans un saladier.

2. Ajoutez le yaourt, le jus de citron vert, le curcuma, le paprika et le garam masala. Salez et poivrez. Mélangez bien.

3. Ciselez la coriandre et incorporez-la au dernier moment, avant de servir, accompagnée de chapatis par exemple (voir p. 10).

INDE

SASHIMIS DE SAINT-JACQUES

Pour 4 personnes
Préparation : 20 minutes
Cuisson : 20 minutes

800 g de riz pour sushis
8 belles noix de saint-jacques
4 feuilles de shiso ou de basilic
4 cuil. à soupe de sauce soja
Le jus et le zeste râpé de ½ citron
30 g de graines germées de poireau ou de radis
4 cuil. à soupe d'œufs de saumon

JAPON

1. Faites cuire le riz en suivant les indications notées sur le paquet. Laissez-le refroidir complètement.

2. Placez les noix de saint-jacques 15 minutes au congélateur, pour faciliter la découpe. Pendant ce temps, lavez les feuilles de shiso et essuyez-les. Coupez les noix de saint-jacques en fines rondelles.

3. Garnissez de riz le fond de 4 bols. Posez 1 feuille de shiso dans chacun, puis répartissez les rondelles de saint-jacques et badigeonnez-les de sauce soja et de jus de citron.

4. Parsemez de zeste de citron, de graines germées et d'œufs de saumon.

SALADE DE CREVETTES
à la citronnelle

Pour 4 personnes
Préparation : 15 minutes
Cuisson : 1 minute

600 g de crevettes crues
3 échalotes rouges
1 tige de citronnelle
2 feuilles de limettier kaffir, finement ciselées
2 cuil. à soupe de menthe ciselée
2 cuil. à soupe de coriandre ciselée
Sel

Pour la sauce :
2 ou 3 petits piments (selon le goût)
3 cuil. à soupe de jus de citron vert
3 cuil. à soupe de sauce de poisson (nam pla)
¼ cuil. à café de sucre en poudre
1 pincée de sel

1. Préparez la sauce. Lavez et séchez les piments, épépinez-les et hachez-les finement. Dans un bol, délayez le sucre et le sel avec le jus de citron, puis ajoutez la sauce de poisson et le piment. Mélangez et réservez.

2. Rincez les crevettes à l'eau fraîche, retirez les têtes, décortiquez les queues en conservant l'éventail et ôtez la veine noire du dos. Plongez-les 1 minute dans une casserole d'eau bouillante légèrement salée, puis égouttez-les. Laissez tiédir.

3. Coupez le vert de la tige de citronnelle pour ne conserver que la partie blanche. Hachez-la finement. Épluchez les échalotes, émincez-les en fines lamelles.

4. Dans un plat creux, mélangez les crevettes avec la menthe, la coriandre, les feuilles de limettier, la citronnelle et les échalotes. Arrosez-les de sauce et servez immédiatement.

THAÏLANDE

PETITS CALAMARS FARCIS

THAÏLANDE

Pour 4 personnes
Préparation : 40 minutes
Cuisson : 20 minutes

16 petits calamars nettoyés
300 g de porc haché
2 cuil. à soupe de sauce de poisson (nam pla)
2 gousses d'ail
1,5 cm de gingembre frais
1 racine de coriandre
1 cuil. à soupe de coriandre ciselée
1 œuf
30 g de chapelure
Huile de friture
Sauce aux piments pour accompagner

1. Rincez les calamars à l'eau fraîche, puis épongez-les avec du papier absorbant. Pelez et hachez l'ail et le gingembre. Grattez et lavez la racine de coriandre. Pilez ou mixez ces ingrédients pour obtenir une pâte épaisse.

2. Réunissez le porc, la pâte à l'ail, la coriandre et la sauce de poisson dans un saladier ; mélangez. Remplissez les poches des calamars de cette farce et fermez-les avec de petites piques en bois.

3. Rangez les calamars dans le panier d'un cuit-vapeur, posez celui-ci au-dessus de l'eau bouillante, couvrez et faites cuire 15 minutes. Laissez refroidir et retirez les piques en bois. Au dernier moment, battez l'œuf dans une assiette et versez la chapelure dans une autre. Chauffez l'huile de friture dans un wok.

4. Passez les calamars successivement dans l'œuf et dans la chapelure, puis faites-les frire 3 ou 4 minutes, en les retournant, jusqu'à ce qu'ils soient dorés et croustillants. Égouttez-les sur du papier absorbant et servez avec de la sauce aux piments.

BEIGNETS DE CREVETTES

CHINE

Pour 4 personnes
Préparation : 10 minutes
Cuisson : 10 minutes

12 grosses crevettes fraîches (gambas)
2 tranches de gingembre
200 g de farine
4 pincées de levure chimique
Quelques rondelles de concombre
Huile pour la friture
Sel

Pour la sauce aigre-douce :
1 cuil. à café de sucre
2 cuil. à café de sauce soja
1 cuil. à café de vinaigre balsamique

1. Décortiquez les crevettes en conservant leur queue. Jetez les têtes et incisez légèrement leur dos pour en retirer la veine noire. Disposez-les sur une assiette, saupoudrez-les de sel et de gingembre haché et mélangez bien. Réservez. Versez la farine dans un petit saladier, 3 pincées de sel et la levure. Mélangez avec un peu d'eau pour obtenir une pâte homogène. Faites chauffer l'huile dans une casserole. Pour tester la température de l'huile, laissez tomber dans cette dernière une petite goutte de pâte. Si elle remonte à la surface en gonflant, la friture est prête à l'emploi. Prenez une crevette par la queue et plongez-la dans la pâte avant de la déposer dans l'huile chaude. Répétez l'opération pour toutes les gambas. Dès que les beignets commencent à dorer, retirez-les de la casserole à l'aide d'une écumoire et déposez-les sur une passoire garnie de papier absorbant.

2. Préparez la sauce. Diluez le sucre dans la sauce soja, ajoutez le vinaigre et un peu d'eau chaude. Dressez les beignets sur des assiettes. Décorez avec le concombre et servez chaud, avec la sauce.

RAVIOLIS FRITS

Pour 6 personnes
Préparation : 45 minutes
Cuisson : 3 minutes

1 paquet de pâte à wonton
200 g de queues de crevettes crues décortiquées
200 g de porc haché
4 gousses d'ail
1,5 cm de gingembre frais
4 oignons nouveaux
1 tige de coriandre avec la racine
2 cuil. à soupe de sauce de poisson (nam pla)
1 cuil. à café de sucre en poudre
1 cuil. à café de sel
½ cuil. à café de poivre noir fraîchement moulu
Huile de friture
Sauce de piment doux, sauce aigre-douce ou sauce aux prunes pour servir

1. Pelez et hachez finement les petits oignons, le gingembre et l'ail. Rincez la coriandre, grattez la racine. Écrasez ces ingrédients ensemble au pilon ou mixez-les pour obtenir une pâte épaisse.

2. Hachez les queues de crevettes au couteau. Mettez-les dans un saladier avec la pâte d'ail et d'oignon, le porc haché, la sauce de poisson, le sel, le poivre et le sucre. Mélangez jusqu'à ce que cette farce soit bien homogène.

3. Étalez une feuille de pâte sur le plan de travail, posez 1 cuillerée à café de farce au centre, humidifiez le tour avec un pinceau trempé dans de l'eau, puis remontez le bord pour former une petite aumônière. Pincez l'ouverture en appuyant fortement pour fermer le petit sac. Renouvelez l'opération jusqu'à épuisement de la pâte et de la farce.

4. Chauffez l'huile de friture à 180 °C dans un grand wok ou une sauteuse. Plongez-y les raviolis par petites quantités et faites-les frire 3 minutes environ, jusqu'à ce qu'ils soient bien dorés. Sortez-les au fur et à mesure à l'aide d'une écumoire, égouttez-les sur du papier absorbant et servez aussitôt, en proposant diverses sauces dans de petites coupelles.

THAÏLANDE

SALADE DE BŒUF THAÏ

Pour 4 personnes
Préparation : 20 minutes
Cuisson : 4 minutes

400 g de rumsteck (ou autre morceau de bœuf tendre)
2 cuil. à soupe de riz jasmin
2 ou 3 échalotes rouges
1 tige de citronnelle
1 ou 2 petits piments (selon le goût)
2 cuil. à soupe de sauce de poisson (nam pla)
3 cuil. à soupe de jus de citron vert
½ cuil. à café de sucre en poudre
2 cuil. à soupe de menthe ciselée
1 ou 2 cœurs de laitue pour servir

1. Allumez le gril du four ou préparez la braise du barbecue. Mettez la viande à griller 2 ou 3 minutes de chaque côté selon son épaisseur, en la conservant saignante. Laissez-la reposer une dizaine de minutes, puis émincez-la en fines lamelles.

2. Faites revenir le riz à sec, dans une petite poêle à feu moyen, sans cesser de remuer, jusqu'à ce qu'il soit juste doré. Laissez-le refroidir, puis broyez-le au mixeur ou écrasez-le au pilon dans un mortier pour le réduire en poudre.

3. Épluchez et émincez les échalotes. Retirez le vert de la tige de citronnelle pour ne conserver que le blanc et hachez-la finement. Épépinez et hachez les piments.

4. Mélangez la sauce de poisson, le jus de citron vert et le sucre dans un saladier, puis ajoutez le bœuf, le riz en poudre, les échalotes, la citronnelle, la menthe et les piments. Remuez soigneusement.

5. Disposez la salade dans des coupelles ou de petites assiettes, sur un lit de feuilles de laitue.

THAÏLANDE

RAVIOLIS AU PORC,
à la coriandre et au gingembre

Pour 4 personnes
Préparation : 20 minutes
Cuisson : 20 minutes

120 g de porc haché
50 g de chou chinois émincé
½ cm de gingembre pelé et finement haché
3 champignons noirs séchés
1 brin de coriandre haché
1 gousse d'ail pelée et finement hachée
1 paquet de pâte à raviolis chinois (wonton)
1 cuil. à soupe de vin de riz ou de vin blanc
1 cuil. à soupe de sauce soja
1 cuil. à soupe d'huile de sésame
1 cuil. à café d'huile pimentée
2 cuil. à soupe d'huile d'olive vierge extra
Farine
Sauce soja ou sauce douce au piment pour le service

CHINE

1. Éliminez les pieds des champignons et coupez les chapeaux en lanières. Dans une poêle, faites revenir le chou et les champignons avec l'huile d'olive pendant 5 minutes, en remuant régulièrement. Mouillez avec le vin de riz ou le vin blanc et laissez refroidir. Assaisonnez avec la sauce soja et l'huile de sésame, puis réservez.

2. Dans un saladier, mélangez l'ail, le gingembre, la coriandre, le porc, l'huile pimentée, le chou et les champignons.

3. Disposez une noix de farce au centre d'un carré de wonton. Humidifiez les bords, puis repliez les coins opposés deux à deux en pinçant bien la pâte et en veillant à ne laisser aucun espace par où la farce pourrait s'échapper. Répétez l'opération jusqu'à épuisement des ingrédients, en déposant les raviolis au fur et à mesure sur une assiette farinée.

4. Faites cuire à la vapeur dans un panier en bambou pendant 15 minutes environ, ou dans un panier à vapeur au fond duquel vous aurez pris soin de déposer une feuille de chou afin que les raviolis ne collent pas.

5. Disposez-les sur les assiettes et servez aussitôt avec de la sauce soja ou de la sauce douce au piment.

SALADE DE CALAMARS

Pour 4 personnes
Préparation : 15 minutes
Cuisson : 1 minute

400 g de calamars nettoyés
3 échalotes rouges
2 feuilles de limettier kaffir
1 tige de citronnelle
1 cuil. à soupe de menthe ciselée
1 cuil. à soupe de coriandre ciselée

Pour l'assaisonnement :
2 à 4 petits piments (selon le goût)
3 cuil. à soupe de jus de citron vert
3 cuil. à soupe de sauce de poisson (nam pla)
1 pincée de sel
1 pincée de sucre

1. Rincez soigneusement les calamars à l'eau fraîche. Coupez les tentacules en tronçons de 2 ou 3 cm. Avec un couteau parfaitement aiguisé, incisez superficiellement le corps en le quadrillant, puis coupez-le en bandes de 2 cm.

2. Faites blanchir les morceaux de calamars 1 ou 2 minutes dans une grande casserole d'eau bouillante salée. Égouttez et laissez refroidir.

3. Épluchez les échalotes et émincez-les en fines lamelles. Lavez et ciselez les feuilles de limettier. Supprimez le vert de la tige de citronnelle pour ne conserver que la partie blanche ; hachez-la très finement.

4. Réunissez les calamars, les échalotes, les feuilles de limettier, la citronnelle, la menthe et la coriandre dans un saladier ; mélangez délicatement.

5. Mélangez les ingrédients de la sauce dans un bol, versez sur les calamars et remuez à nouveau juste avant de servir.

THAÏLANDE

DHAL CITRONNELLE

Pour 4 personnes
Préparation : 15 minutes
Cuisson : 25 minutes

400 g de lentilles corail
2 gousses d'ail
1 morceau de gingembre de 4 cm environ
1 cuil. à soupe de ghee (ou de beurre fondu)
1 cuil. à café de graines de cumin (ou ½ cuil. à café de cumin moulu)
1 bâton de citronnelle
Le zeste de 1 citron vert non traité
Sel et poivre

1. Pelez et hachez les gousses d'ail. Pelez le gingembre et coupez-le en morceaux. Coupez la citronnelle en morceaux. Mettez ail, citronnelle et gingembre dans un mortier et pilez-les grossièrement.

2. Faites chauffer le ghee dans une grande casserole, ajoutez les graines de cumin et laissez chauffer 20 secondes. Ajoutez la pâte d'ail au gingembre et à la citronnelle, mélangez sur le feu et laissez suer 2 minutes.

3. Ajoutez les lentilles corail, couvrez de 1,2 l d'eau chaude. Portez à ébullition en remuant délicatement de temps en temps. Au premier bouillon, écumez la mousse de surface, puis laissez cuire 10 secondes avant de baisser le feu au minimum. Couvrez et laissez cuire 20 minutes sans mélanger.

4. En fin de cuisson, incorporez le zeste de citron vert en mélangeant délicatement. Rectifiez l'assaisonnement.

INDE

TEMPURA DE GAMBAS

Pour 4 personnes
Préparation : 30 minutes
Cuisson : 2 ou 3 minutes

16 à 20 gambas (selon la taille)
1 jaune d'œuf
120 g de farine + 2 ou 3 cuil. à soupe
50 g de fécule de pomme de terre
25 cl d'eau glacée
Huile de friture

1. Retirez la tête des gambas et décortiquez les queues. Incisez-les le long du dos et enlevez la veine noire. Rincez-les à l'eau fraîche, puis épongez-les soigneusement. Préparez la pâte à tempura : battez rapidement le jaune d'œuf à la fourchette dans un grand bol, versez l'eau glacée (ajoutez éventuellement un peu de glace pilée si elle n'est pas très froide) et fouettez deux ou trois fois.

2. Mélangez la farine et la fécule, saupoudrez-les en surface et battez à nouveau rapidement, sans chercher à supprimer les grumeaux. Dans une poêle à haut bord ou une friteuse, faites chauffer l'huile de friture à 180 °C.

3. Étalez 2 ou 3 cuillerées à soupe de farine dans une assiette. Passez les gambas une par une dans la farine, tapotez pour faire tomber l'excédent, puis trempez-les dans la pâte et plongez-les dans l'huile chaude. Laissez-les frire 2 ou 3 minutes, en les retournant une fois, jusqu'à ce que la pâte se boursoufle sans dorer.

4. Sortez-les au fur et à mesure avec une écumoire, égouttez-les sur du papier absorbant et servez aussitôt.

RAVIOLIS AUX CREVETTES ROSES
et au sésame

Pour 4 personnes
Préparation : 20 minutes
Cuisson : 10 minutes

250 g de crevettes roses crues et décortiquées
100 g de pousses d'épinards
1 cm de gingembre épluché et finement émincé
20 feuilles de pâte à raviolis chinois (wonton)
10 g de graines de sésame blond
1 cuil. à café d'huile de sésame
6 pincées de sel
Poivre
Farine

1. Hachez au mixeur les crevettes, le gingembre, l'huile de sésame, le sel et le poivre.

2. Une fois la farce lissée, ajoutez les pousses d'épinards, puis mixez de nouveau.

3. Disposez une noix de farce au centre d'un carré de wonton. Humidifiez les bords, puis repliez en deux dans la diagonale, en chassant l'air. Répétez l'opération jusqu'à épuisement des ingrédients, en déposant les raviolis au fur et à mesure sur une assiette farinée.

4. Faites cuire les raviolis à la vapeur pendant 10 minutes environ, puis parsemez de graines de sésame.

5. Disposez-les sur les assiettes et servez aussitôt.

VIETNAM

SALADE AU POULET
et au wasabi

Pour 4 personnes
Préparation : 25 minutes
Cuisson : 15 minutes

3 blancs de poulet
¼ chou chinois
2 carottes
2 tomates
1 avocat
½ citron
1 bouquet de coriandre
60 g de vermicelles de riz
2 cuil. à soupe de pâte de wasabi
2 cuil. à soupe de graines de sésame
2 cuil. à soupe d'huile d'olive
2 cuil. à soupe de vinaigre de riz
Sel et poivre

1. Ouvrez les escalopes de poulet en deux, puis faites-les griller dans une poêle, sans matière grasse. Salez, poivrez, découpez en fines lamelles et laissez tiédir. Faites cuire les vermicelles de riz pendant 5 minutes dans une casserole d'eau bouillante, puis laissez-les tremper dans un saladier d'eau très froide.

2. Rincez le chou chinois et émincez-le très finement. Pelez, rincez et râpez les carottes. Lavez et découpez les tomates en petits dés. Rincez, effeuillez et hachez la coriandre. Pelez l'avocat, puis mixez-le avec un peu de jus de citron, du sel, du poivre et la pâte de wasabi.

3. Égouttez les vermicelles de riz, puis mélangez-les dans un saladier avec la coriandre, le chou, les tomates et les carottes. Ajoutez du sel, du poivre, l'huile d'olive et le vinaigre de riz, puis mélangez. Répartissez dans 4 verrines. Ajoutez le poulet en lamelles, la sauce avocat-wasabi et saupoudrez de graines de sésame. Dégustez aussitôt.

JAPON

SOUPE MISO AU TOFU
et aux algues

Pour 4 personnes
Préparation : 10 minutes
Cuisson : 5 à 10 minutes

15 g de wakamé
(algues séchées)
200 g de tofu
Dashi (bouillon de poisson)
1 cuil. à soupe de miso

1. Laissez gonfler les algues dans un bol d'eau en respectant le temps mentionné sur le paquet, puis découpez-les en petits morceaux. Coupez le tofu en cubes de 2 cm.

2. Dans une casserole, faites chauffer l'eau et ajoutez le dashi selon la quantité indiquée sur le paquet (elle varie en fonction des produits) et portez à ébullition.

3. Baissez le feu et jetez-y le miso. Lorsqu'il est fondu, ajoutez le tofu en morceaux et les algues. Servez la soupe dans 4 bols individuels.

JAPON

RAVIOLIS VAPEUR

Pour 4 personnes (ou 60 raviolis)
Préparation : 40 minutes
Cuisson : 15 minutes

300 g de farine + un peu pour la pâte
Sel

Pour la farce :
250 g de porc haché
6 feuilles de chou chinois émincées
100 g de gingembre haché
2 gousses d'ail hachées
1 petit poireau très finement émincé
1 cuil. à soupe de sauce soja
1 cuil. à soupe d'huile de sésame
1 cuil. à café d'huile de tournesol
1 cuil. à café de sucre en poudre
Sel

Pour la sauce :
4 cuil. à soupe de sauce soja
1 cuil. à soupe d'huile de sésame
1 cuil. à soupe de vinaigre blanc

1. Mélangez dans un grand bol tous les ingrédients de la farce avec 1 cuillerée à café d'eau. Réservez.

2. Préparez la pâte. Mélangez la farine et le sel, puis ajoutez petit à petit 2 ou 3 verres d'eau. Lorsque la pâte est ferme et bien homogène, roulez-la en boule. Réservez.

3. Formez avec la pâte un boudin de 3 cm de diamètre. Coupez ce dernier en tronçons de 2 cm de long et farinez-les. Abaissez-les un à un au rouleau pour façonner des petits disques de 6 ou 7 cm de diamètre. Prenez chaque disque de pâte dans la paume de votre main et déposez au centre une noisette de farce. Repliez la pâte sur elle-même en pinçant les bords de façon à former une demi-lune. Réunissez ensuite les deux pointes et fermez le ravioli en pressant la pâte entre vos doigts.

4. Faites bouillir de l'eau dans une grande marmite et plongez-y les raviolis un à un. Dès la reprise de l'ébullition, ajoutez 1 demi-verre d'eau et laissez bouillir à nouveau. Répétez l'opération si la pâte n'est pas très fine.

5. Égouttez les raviolis à l'aide d'une écumoire. Servez-les très chauds, accompagnés de leur sauce présentée dans des petites coupelles.

CHINE

BOULETTES DE POULET
au sésame

Pour 4 personnes
Préparation : 15 minutes
Cuisson : 15 minutes
Réfrigération :
30 minutes

Pour la farce :
2 blancs de poulet
2 cuisses de poulet
1 œuf
20 cl de lait
2 grandes tranches de pain de mie sans croûte
12 feuilles de basilic
2 cuil. à café de piment doux
2 cuil. à soupe de graines de sésame grillées
1 morceau de gingembre de 1 cm de côté environ
1 gousse d'ail
2 cuil. à soupe de chapelure
Sel et poivre

Pour la cuisson :
2 cubes de Kub Or®
7 cuil. à soupe de sauce teriyaki
2 cuil. à soupe de graines de sésame grillées
2 cuil. à soupe d'huile de tournesol

1. Ôtez la peau des cuisses de poulet et retirez l'os. Coupez les blancs et les cuisses en morceaux.

2. Versez le lait dans un grand bol et faites tremper le pain pendant 30 secondes. Essorez-le et placez-le dans un mixeur avec les morceaux de poulet et tous les autres ingrédients de la farce. Mixez jusqu'à l'obtention d'un mélange homogène.

3. Formez des boulettes de taille moyenne. Placez au réfrigérateur pendant 30 minutes.

4. Mettez le Kub Or® dans une grande casserole d'eau et portez à ébullition. Faites pocher les boulettes pendant 6 à 8 minutes, jusqu'à ce qu'elles remontent à la surface. Égouttez-les dans une passoire.

5. Versez l'huile dans une poêle et faites revenir les boulettes. Lorsqu'elles sont presque dorées, ajoutez 1 cuillerée à soupe de sauce teriyaki. Puis sortez-les de la poêle et dressez dans une assiette.

6. Enfin, déglacez la poêle avec 6 cuillerées à soupe de sauce teriyaki. Nappez-en les boulettes et saupoudrez-les de graines de sésame. Servez en apéritif ou accompagné de riz.

JAPON

SALADE THAÏE DE CREVETTES
sautées à l'ananas

Pour 4 personnes
Préparation : 30 minutes
Cuisson : 5 minutes

600 g de grosses crevettes crues
½ chou chinois
1 mangue verte
1 ananas Victoria
1 citron
10 brins de coriandre
1 cuil. à soupe d'huile d'olive
2 cuil. à soupe d'huile de sésame
2 pincées de piment en poudre
2 cuil. à soupe de nuoc-mâm
2 cuil. à soupe de sauce soja

1. Pelez la mangue et l'ananas. Râpez la mangue et découpez l'ananas en très petits dés, après avoir éliminé le cœur fibreux. Rincez le chou chinois et émincez-le finement. Rincez la coriandre, effeuillez-la et hachez-la. Pressez le citron. Disposez tous ces ingrédients dans un saladier, arrosez de jus de citron et mélangez.

2. Décortiquez les crevettes crues, rincez-les et épongez-les. Faites-les cuire dans un wok avec l'huile d'olive à feu vif pendant 5 ou 6 minutes. Ajoutez du piment, 1 cuillerée à soupe de nuoc-mâm et 1 cuillerée à soupe de sauce soja.

3. Disposez les crevettes chaudes avec leur jus de cuisson dans le saladier. Arrosez d'un peu de nuoc-mâm, de sauce soja et d'huile de sésame. Servez aussitôt.

THAÏLANDE

La Petite Barque

SALADE JAPONAISE AUX ALGUES
et au saumon cru

Pour 4 personnes
Préparation : 30 minutes
Repos : 20 minutes

400 g de pavé de saumon frais
2 avocats
150 g de petits champignons de Paris
1 gousse d'ail
5 brins de coriandre
1 cuil. à soupe d'huile d'olive
1 cuil. à soupe d'huile de sésame
Sel et poivre
60 g d'algues wakamé
60 g de vermicelles de soja
1 cuil. à soupe de graines de sésame noir
2 cuil. à soupe de sauce ponzu

1. Faites tremper les algues et les vermicelles de soja séparément dans deux saladiers d'eau tiède pendant 20 minutes. Rincez les algues et émincez-les. Égouttez les vermicelles de soja. Rincez les champignons et émincez-les finement. Pelez les avocats et coupez-les en dés. Pelez et hachez l'ail. Rincez la coriandre et effeuillez-la.

2. Mélangez dans un saladier les champignons, les avocats, l'ail, la coriandre et les algues émincées. Assaisonnez avec l'huile d'olive, l'huile de sésame et la sauce ponzu. Poivrez et salez.

3. Découpez le saumon rincé et épongé en dés. Disposez les vermicelles et les dés de saumon sur la salade, puis servez le tout saupoudré de graines de sésame noir.

RAVIOLIS AUX POIREAUX,
aux crevettes et au gingembre

Pour 4 personnes
Préparation : 20 minutes
Cuisson : 10 minutes

450 g de crevettes roses cuites et décortiquées
60 g de blanc de poireau
2 cm de gingembre râpé
1 paquet de pâte à raviolis chinois (wonton)
1 petit oignon pelé
1 gousse d'ail pelée et dégermée
3 cuil. à café de vinaigre de Xérès
Sel et poivre

1. Coupez les crevettes en petits morceaux. Passez au mixeur le poireau, le vinaigre, l'oignon et l'ail. Ajoutez les crevettes, le gingembre râpé, du sel et du poivre, puis mélangez soigneusement.

2. Disposez 1 cuillerée à café de farce au centre d'un carré de wonton. Humidifiez les bords, puis repliez en deux dans la diagonale, en chassant l'air. Répétez l'opération jusqu'à épuisement des ingrédients.

3. Faites cuire les raviolis à la vapeur pendant 10 minutes, puis disposez-les sur les assiettes et servez aussitôt.

CHINE

SAMOSAS

Pour 4 personnes
Préparation : 40 minutes
Cuisson : 20 minutes

30 g de beurre fondu
200 g de pommes de terre
100 g de petits pois frais ou surgelés
100 g de carottes
100 g de courgettes
1 oignon
½ cuil. à café de garam masala
1 cuil. à café de curry en poudre
2 cuil. à soupe de coriandre ciselée
6 feuilles de brick
Sel et poivre

Pour servir :
2 yaourts brassés
Menthe et coriandre ciselées
Sel

1. Épluchez et hachez l'oignon. Pelez et lavez les pommes de terre et les carottes, puis taillez-les en tout petits dés. Rincez les courgettes, coupez les extrémités et hachez-les au couteau ou râpez-les grossièrement.

2. Faites revenir l'oignon 5 minutes dans une sauteuse avec 1 cuillerée à soupe de beurre, en remuant de temps en temps. Ajoutez les pommes de terre et les carottes, saupoudrez les épices et versez 20 cl d'eau. Couvrez, faites cuire 5 minutes à feu doux, puis retirez le couvercle, ajoutez les petits pois, les courgettes et mélangez. Poursuivez la cuisson jusqu'à ce que les légumes soient tendres et l'eau évaporée.

3. Rectifiez l'assaisonnement si nécessaire, ajoutez la coriandre et laissez refroidir. Préchauffez le four à 180 °C (th. 6). Détachez les feuilles de brick de leur support en papier. Coupez-les en deux et enduisez-les de beurre fondu. Repliez chaque moitié en deux dans la longueur pour obtenir des bandes. Déposez 1 cuillerée de farce à 3 cm d'une extrémité. Rabattez-la sur la garniture en formant un triangle, puis continuez en pliant une fois à droite, une fois à gauche et fermez.

4. Rangez les samosas sur une plaque recouverte de papier cuisson et enfournez pour 10 minutes environ, ou jusqu'à ce que la pâte soit bien dorée. Accompagnez d'un bol de yaourt légèrement salé, agrémenté de menthe et de coriandre finement ciselées.

SOUPE PIQUANTE AU POULET
et à la citronnelle

Pour 2 personnes
Préparation : 20 minutes
Cuisson : 3 minutes

200 g de chair de poulet sans peau (blanc ou cuisse désossée)
50 cl de bouillon de volaille (frais ou préparé avec du concentré)
3 tiges de citronnelle
4 cm de galanga
4 échalotes rouges
3 feuilles de limettier kaffir
3 cuil. à soupe de jus de citron vert
3 cuil. à soupe de sauce de poisson (nam pla)
3 à 6 petits piments (selon le goût)
1 cuil. à soupe de feuilles de coriandre ciselées
1 pincée de sucre de palme (ou de sucre brun)
1 pincée de sel

THAÏLANDE

1. Pelez le galanga et coupez-le en rondelles. Supprimez le vert des tiges de citronnelle pour ne conserver que la partie blanche, fendez-en deux dans la longueur sans aller jusqu'à la base et hachez finement la troisième. Écrasez légèrement les piments. Ciselez les feuilles de limettier. Épluchez les échalotes et émincez-les finement.

2. Versez le bouillon dans une casserole, ajoutez le sel et le sucre, amenez à ébullition. Ajoutez le galanga, les 2 tiges entières de citronnelle, la moitié des échalotes et 2 feuilles de limettier. Laissez mijoter 2 minutes, puis ajoutez le poulet et poursuivez la cuisson à feu doux pendant 5 minutes.

3. Sortez le poulet du bouillon, coupez-le en cubes et réservez-le.

4. Filtrez le bouillon à travers une passoire pour retenir les aromates, reversez dans la casserole et amenez de nouveau à ébullition.

5. Dans un bol, mélangez le jus de citron vert, la sauce de poisson et les piments. Versez dans le bouillon, puis remettez les morceaux de poulet. Ajoutez la citronnelle hachée, le reste des échalotes et des feuilles de limettier, puis parsemez la coriandre ciselée.

MAKIS DRAGONS

Pour 2 rouleaux de makis
Préparation : 20 minutes
Cuisson : 20 minutes

Pour le riz :
120 g de riz pour sushis
3 cuil. à soupe de vinaigre de riz
1 cuil. à soupe de sucre en poudre
½ cuil. à soupe de sel

Pour la garniture :
6 gambas cuites
1 anguille cuite
1 mini-concombre
200 g de haricots verts
4 feuilles de shiso
1 avocat
Le jus de ½ citron
2 feuilles de nori
2 cuil. à soupe de graines de sésame

Pour la friture :
100 g de farine
20 g de fécule de pomme de terre
3 g de levure chimique
Huile de friture

JAPON

1. Faites cuire le riz selon les instructions notées sur le paquet. Dans une casserole, mettez le vinaigre, le sucre et le sel. Chauffez à feu moyen pendant 5 minutes environ, jusqu'à complète dissolution du sucre. Lorsque le riz est cuit, mettez-le dans un grand plat, versez dessus le vinaigre sucré, mélangez délicatement et laissez complètement refroidir.

2. Décortiquez les gambas. Enlevez la tête, la queue et le fil noir de l'intestin. Équeutez les haricots verts. Faites chauffer l'huile de friture dans une casserole.

3. Dans un bol, mélangez la farine, la fécule et la levure avec 20 cl d'eau froide. Trempez les haricots et les gambas dans la pâte. Faites-les frire.

4. Coupez le concombre en fines lamelles. Découpez l'avocat, ôtez le noyau, pelez-le et coupez-le en tranches fines. Arrosez-les du jus de citron. Réservez.

5. Sur la feuille de nori, étalez le riz et les graines de sésame. Recouvrez d'un film alimentaire et retournez. Sur le nori, disposez la moitié de tous les ingrédients, excepté l'avocat, et enroulez.

6. Retirez le film alimentaire, puis placez le maki sur la moitié des avocats. Retournez le tout et donnez sa forme finale au maki, puis découpez-le en 4 ou 6 morceaux. Faites de même pour le second maki avec le reste des ingrédients.

BŒUF CURRY ROUGE
au bambou

Pour 4 personnes
Préparation : 10 minutes
Cuisson : 10 à 12 minutes

600 g de bavette
3 cuil. à soupe d'huile
1 cuil. à café de sel
2 cuil. à soupe de sucre blanc
1 cuil. à soupe de pâte de curry rouge
1 boîte de 250 g de bambous en filaments
500 ml de lait de coco
1 botte de basilic thaï
4 cuil. à soupe de sauce de poisson thaïe (nam pla)
Quelques feuilles de citron

1. Émincez la bavette en lanières de 3 cm environ. Lavez les bambous et égouttez-les bien. Lavez et coupez les feuilles de citron en filaments, rincez et émincez le basilic thaï.

2. Versez l'huile dans le wok et faites chauffer à feu moyen. Ajoutez la pâte de curry rouge et faites cuire 2 minutes, puis ajoutez les lanières de bavette et laissez cuire 4 à 5 minutes. Versez ensuite le lait de coco et ajoutez 2 verres d'eau (250 ml). Incorporez ensuite les bambous, la sauce de poisson, le sel, le sucre et mélangez bien. Laissez cuire encore 4 à 5 minutes.

3. Hors du feu, ajoutez le basilic thaï et les feuilles de citron. Mélangez à nouveau. Servez avec du riz blanc.

THAÏLANDE

BÁNH MI

Pour 6 sandwichs
Préparation : 15 minutes
Macération : 12 heures
Cuisson : 2 heures

2 baguettes de pain
700 g de tranches de poitrine de porc
150 g de carottes
80 g d'oignons
4 gousses d'ail
4 cuil. à soupe de jus de citron
1 bouquet de coriandre
1 bouquet de menthe
250 g de yaourt brassé
110 g de sucre en poudre
1,15 l d'Orangina®
2 cuil. à soupe de sauce soja
1 cuil. à café de moutarde forte
3 cuil. à soupe de vinaigre blanc
Sel et poivre

VIETNAM

1. Mélangez dans un saladier les oignons émincés, les carottes pelées et taillées en julienne, le vinaigre, 10 g de sucre, 1 demi-cuillerée à café de sel et 15 cl d'Orangina®. Faites mariner 12 heures au réfrigérateur.

2. Portez à ébullition 1 litre d'Orangina® et 100 g de sucre dans une casserole, puis faites cuire 15 minutes à frémissements. Laissez refroidir. Versez ce sirop sur le porc coupé en tronçons de 5 cm, ajoutez le soja, l'ail haché, du poivre, puis laissez mariner 12 heures au réfrigérateur.

3. Étalez le porc égoutté dans un plat et faites dorer 15 minutes sous le gril du four. Jetez la graisse, tournez le porc et dorez-le 10 minutes. Ôtez la graisse du plat, versez la moitié de la marinade et faites caraméliser le porc 15 minutes sous le gril. Versez le reste de marinade et poursuivez la cuisson 45 minutes au four à 200 °C (th. 6-7). Remuez souvent.

4. Retirez le porc. Faites réduire la marinade 15 minutes sous le gril du four. Hors du feu, ajoutez le porc et mélangez bien.

5. Mélangez le yaourt, la moutarde et le citron. Coupez les baguettes en tronçons de 10 cm et ouvrez-les en deux, sans détacher un côté. Tartinez les deux faces de marinade caramélisée, puis de sauce yaourt. Garnissez-les de carottes et d'oignons, de porc, de feuilles de menthe et de coriandre. Dégustez chaud ou tiède.

RIZ CANTONAIS

Pour 4 personnes
Préparation : 30 minutes
Cuisson : 22 minutes

250 g de riz parfumé
2 saucisses chinoises
(ou 2 chipolatas cuites)
150 g de porc cuit
(ou de jambon blanc)
60 g de petits pois frais
ou surgelés
1 oignon nouveau
(ou 1 ciboule)
2 œufs
2 cuil. à soupe d'huile
de sésame
2 cuil. à soupe d'huile neutre
(maïs, tournesol, arachide)
Sel

1. Faites cuire le riz à l'avance, à l'eau bouillante salée. Égouttez-le soigneusement et laissez-le refroidir.

2. S'ils sont frais, faites cuire les petits pois 6 à 8 minutes à l'eau bouillante salée. Égouttez-les. Coupez les saucisses et le porc en très petits dés. Épluchez et hachez finement le petit oignon ou la ciboule.

3. Cassez les œufs dans un bol et battez-les en omelette avec l'huile de sésame et du sel.

4. Chauffez l'huile neutre à feu vif dans un wok. Quand elle commence à fumer, ajoutez le riz et faites-le revenir 2 minutes, en remuant vivement.

5. Ajoutez le porc, les saucisses et les petits pois, mélangez et faites cuire 2 minutes, sans cesser de remuer.

6. Versez les œufs battus dans le riz, puis ajoutez l'oignon haché et poursuivez la cuisson encore 1 ou 2 minutes, en remuant sans arrêt, jusqu'à ce que les œufs aient coagulé. Servez dans un plat chaud ou dans des bols.

★★★ CHINE ★★★

BŒUF TERIYAKI

Pour 4 personnes
Préparation : 30 minutes
Cuisson : 15 minutes

600 g de faux-filet de bœuf
2 ciboules
Sel et poivre

Pour la sauce :
25 cl de sauce soja foncée
20 cl de saké
5 cl de xérès
1 cuil. à soupe de sucre en poudre

JAPON

1. Faites tremper une douzaine de brochettes dans de l'eau pendant 30 minutes. Réunissez les ingrédients de la sauce dans une casserole, faites chauffer sur feu moyen en remuant jusqu'à ce que le liquide se mette à bouillir. Laissez frémir pendant quelques minutes, puis retirez du feu et laissez refroidir complètement.

2. Dégraissez éventuellement le morceau de bœuf, puis découpez-le en tranches épaisses et retaillez celles-ci en cubes de 1,5 cm de côté environ. Salez-les et poivrez-les avant de les enfiler sur les brochettes en bambou, à raison de 4 ou 5 par tige. Épluchez les ciboules et émincez-les. Badigeonnez les brochettes sur toutes leurs faces avec la sauce, à l'aide d'un pinceau. Faites-les griller sur un barbecue à chaleur moyenne, sous le gril du four ou dans une poêle bien chaude. Arrosez les brochettes en cours de cuisson avec un peu de sauce, jusqu'à ce qu'elles caramélisent. Laissez cuire 5 à 7 minutes. Servez-les parsemées de ciboule émincée avec du riz nature et la sauce à part.

GADO-GADO

INDONÉSIE

Pour 4 personnes
Préparation : 30 minutes
Cuisson : 10 minutes

800 g de légumes mélangés (carotte, chou-fleur, germes de soja, haricots verts)

Pour la sauce aux cacahuètes :
75 g de cacahuètes décortiquées non salées
1 cuil. à soupe de jus de citron vert
½ cuil. à café de purée de piments
10 cl de lait de coco
1 cuil. à soupe de sauce soja
½ cuil. à soupe de nuoc-mâm
1 cuil. à soupe de sucre brun

1. Faites dorer les cacahuètes quelques minutes à sec dans une poêle. Broyez-les en gros sable au robot électrique. Faites chauffer doucement la purée de piments et le sucre dans une petite casserole, puis délayez avec le lait de coco et 10 cl d'eau. Ajoutez le reste des ingrédients et laissez frémir 4 ou 5 minutes. Ajoutez les cacahuètes, mélangez et faites épaissir encore quelques instants, sans cesser de remuer.

2. Préparez les légumes : taillez-les en lamelles, en bâtonnets ou en petites bouchées selon les cas. Faites-les cuire séparément à l'eau bouillante salée, 30 secondes pour le soja, 2 ou 3 minutes pour les autres, en les gardant croquants. Égouttez-les et laissez refroidir. Disposez-les harmonieusement dans un plat. Servez accompagné de la sauce tiède.

POULET GRILLÉ
à la sauce aux piments sucrée

Pour 4 personnes
Préparation : 30 minutes
Marinade : 12 heures
Cuisson : 15 minutes

4 cuisses de poulet
3 racines de coriandre
4 gousses d'ail
10 grains de poivre blanc
3 cuil. à soupe de sauce de poisson (nam pla)
½ cuil. à café de sucre de palme
1 pincée de sel

Pour la sauce aux piments sucrée :
5 racines de coriandre
5 gousses d'ail
2 ou 3 petits piments (selon le goût)
25 cl de vinaigre blanc (ou de riz)
25 cl d'eau
160 g de sucre en poudre
1 pincée de sel

1. Grattez et lavez les racines de coriandre. Pelez les gousses d'ail. Écrasez-les ensemble avec le sel et le poivre, à l'aide d'un pilon et d'un mortier, jusqu'à obtenir une pâte épaisse. Ajoutez le sucre et la sauce de poisson, et mélangez bien.

2. Essuyez soigneusement les morceaux de poulet, mettez-les dans un plat creux et enduisez-les du mélange, en frottant légèrement pour bien les en imprégner. Mettez au réfrigérateur et laissez mariner 12 heures.

3. Le lendemain, préparez la sauce. Pelez les gousses d'ail. Grattez et lavez les racines de coriandre. Écrasez-les ensemble au pilon et au mortier avec le sel et les piments épépinés, puis mettez la pâte obtenue dans une casserole. Ajoutez le vinaigre, le sucre et l'eau, mélangez bien et amenez à ébullition en remuant. Faites réduire de moitié à feu doux, puis laissez refroidir.

4. Préparez la braise du barbecue ou préchauffez le gril du four. Posez les cuisses de poulet sur la grille et faites-les cuire 15 à 20 minutes selon leur épaisseur, en les retournant plusieurs fois. Servez accompagné d'un bol de sauce.

ถามถึงกรณีตัวแทนพรรคการเมืองขอ
นิติบัญญัติว่าทำไมถึงมีเพียง 4 พรรค ทั้งที่พรรค
อื่นได้รับการรับรองจาก กกต.เช่นกัน การเลือก
ปฏิบัติเช่นนี้ถือว่าไม่เป็นธรรม

POULET PIMENTÉ
aux cacahuètes

Pour 4 personnes
Préparation : 15 minutes
Cuisson : 15 minutes

3 blancs de poulet fermier
100 g de cacahuètes entières
4 cuil. à soupe de sauce soja
1 cuil. à soupe d'alcool de riz
3 gousses d'ail
4 tranches de gingembre
5 tiges d'oignon nouveau
3 piments séchés
3 cuil. à soupe de sucre en poudre
3 cuil. à soupe de vinaigre
1 cuil. à café d'huile de sésame
5 cuil. à soupe d'huile végétale
1 cuil. à café de poivre du Sichuan
1 cuil. à café de fécule de pomme de terre
1 pincée de sel

1. Coupez les blancs de poulet en petits dés. Faites-les mariner pendant une dizaine de minutes avec le sel, 2 cuillerées à café de sauce soja et l'alcool de riz.

2. Hachez l'ail et le gingembre. Coupez les tiges d'oignon en petits morceaux. Émincez les piments en lamelles très fines (à l'aide d'une paire de ciseaux). Retirez les graines.

3. Préparez la sauce. Mélangez le sucre, le reste de la sauce soja, le vinaigre, l'huile de sésame et 1 demi-verre d'eau.

4. Faites chauffer l'huile végétale dans une grande poêle. Ajoutez les piments et quelques grains de poivre. Dès qu'ils libèrent leurs arômes, incorporez les morceaux de poulet. Remuez bien, puis ajoutez l'ail, le gingembre et les tiges d'oignon. Mélangez et laissez dorer jusqu'à ce que la viande soit cuite. Versez alors la sauce, sans cesser de remuer. Ajoutez la fécule diluée dans un peu d'eau.

5. Retirez la poêle du feu dès que la sauce s'épaissit. Ajoutez les cacahuètes, mélangez, et servez aussitôt pour qu'elles restent croquantes.

CHINE

DUO DE SAUMON

Pour 4 personnes
Préparation : 10 minutes
Cuisson : 20 minutes

225 g de riz pour sushis
400 g de pavé de saumon très frais
1 pot d'œufs de saumon
4 cuil. à café de sauce soja
1 cuil. à café de wasabi
Gari (gingembre vinaigré)

1. Faites cuire le riz selon les instructions notées sur le paquet.

2. Coupez le pavé de saumon en tranches fines.

3. Garnissez de riz le fond de 4 bols.

4. Disposez dessus les tranches de saumon. Parsemez de 1 cuillerée à café d'œufs de saumon.

5. Présentez dans une petite coupelle la sauce soja, le gari et le wasabi, dans lesquels vous tremperez le saumon pour le déguster.

CHIRASHI À L'ANGUILLE

Pour 4 personnes
Préparation : 20 minutes
Cuisson : 20 minutes

225 g de riz pour sushis
2 sachets de 180 g d'unagi no kabayaki (anguille cuite)
4 omelettes fines
1 mini-concombre
2 feuilles de shiso
2 cuil. à soupe de graines de sésame blanc
½ cuil. à soupe de sel fin

1. Faites cuire le riz selon les instructions notées sur le paquet.

2. Lavez le concombre et émincez-le finement. Salez-le afin de le faire dégorger quelques minutes, puis rincez-le à l'eau et égouttez-le à la main.

3. Coupez les feuilles de shiso et les omelettes en fines lanières. Réchauffez l'anguille en respectant le temps indiqué sur l'emballage. Découpez-la en morceaux de 2 cm.

4. Dans un bol, mélangez anguille, concombre, shiso et graines de sésame blanc. Répartissez le riz dans 4 bols. Parsemez-le de morceaux d'anguille et d'omelette.

MAGRET DE CANARD AU SEL
et aubergine au sésame blanc

Pour 4 personnes
Préparation : 20 minutes
Cuisson : 40 minutes

225 g de riz pour sushis
1 magret de canard
1 aubergine
2 cuil. à soupe de graines de sésame blanc
20 cl de dashi à préparer suivant les instructions du paquet
1 cuil. à café de sucre
1 cuil. à café de fleur de sel
1 pincée de sansho (poivre du Sichuan)

JAPON

1. Faites cuire le riz selon les instructions notées sur le paquet.

2. Piquez l'aubergine avec une fourchette pour faciliter sa cuisson. Faites-la griller au four pendant 40 minutes, jusqu'à ce que la peau soit noircie et fripée. Pelez-la et coupez-la en lanières.

3. Dans un bol, mélangez le dashi et le sucre. Mettez les lanières d'aubergines à mariner pendant 3 heures.

4. Quadrillez légèrement la peau du magret avec la pointe d'un couteau. Parsemez-le de fleur de sel.

5. Faites chauffer une poêle sans matière grasse. Disposez le magret côté peau dans la poêle, laissez-le cuire 10 minutes à feu moyen, puis jetez le gras de cuisson. Retournez le magret, laissez cuire 4 minutes, puis laissez-le reposer à température ambiante au moins 10 minutes.

6. Faites dorer les graines de sésame blanc dans une poêle sans matière grasse, puis pilez-les grossièrement. Égouttez les lanières d'aubergines et pressez-les légèrement à la main, puis mélangez-les délicatement dans un bol avec les graines de sésame, sans les écraser.

7. Coupez le magret en tranches fines. Répartissez le riz dans 4 bols. Disposez dessus le magret et l'aubergine. Parsemez de sansho.

CREVETTES AU LAIT DE COCO
et green curry

Pour 4 personnes
Préparation : 10 minutes
Cuisson : 15 minutes

20 grosses crevettes crues
1 citron vert
1 gros oignon
1 cébette
Quelques feuilles de coriandre
½ l de lait de coco
1 petit morceau de gingembre
2 tiges de citronnelle
1 ou 2 feuilles de kaffir
Pâte de curry vert en pot
Nuoc-mâm
2 cuil. à soupe d'huile

THAÏLANDE

1. Pelez le gingembre et coupez-le en tout petits morceaux. Retirez l'enveloppe dure de la citronnelle, émincez finement les tiges. Faites infuser dans le lait de coco le gingembre et la citronnelle, puis 1 ou 2 feuilles de kaffir.

2. Dans le wok, faites chauffer l'huile. Émincez le gros oignon et faites-le blondir dans l'huile.

3. Dosez la pâte de curry en fonction du seuil de tolérance des papilles de chacun à l'égard du piment en commençant par 1 cuillerée à soupe (rase) ; vous pourrez rajouter de la pâte de curry peu à peu, en cours de cuisson. Laissez chauffer la pâte de curry 2 ou 3 minutes à feu doux.

4. Filtrez le lait de coco. Versez-le dans le wok et amenez à ébullition. Ajoutez alors les crevettes décortiquées.

5. Assaisonnez avec le nuoc-mâm (là encore, pour la quantité, tout dépend du goût de chacun). Laissez cuire 5 minutes environ. Hors du feu, ajoutez le jus du citron vert, la cébette finement émincée et les feuilles de coriandre. Servez avec du riz parfumé ou du riz gluant.

POULET SAUTÉ
aux noix de cajou

Pour 4 personnes
Préparation : 15 minutes
Cuisson : 20 minutes

3 cuisses de poulet
2 oignons
1 poivron rouge
1 poivron vert
1 botte de ciboulette
1 cuil. à soupe de sucre
3 cuil. à soupe d'huile
150 g de noix de cajou
½ ananas
3 piments séchés
3 cuil. à soupe de sauce soja
3 cuil. à soupe de sauce d'huître

1. Désossez les cuisses de poulet et coupez-les en dés. Pelez et coupez les oignons en quatre. Coupez les poivrons en morceaux de 2 cm environ. Lavez et coupez la ciboulette en tronçons de 3 cm environ. Coupez les piments en trois. Épluchez et coupez l'ananas en dés.

2. Faites chauffer l'huile dans un wok, puis ajoutez les noix de cajou et laissez dorer quelques minutes. Retirez-les et réservez. Conservez l'huile dans le wok et faites sauter le poulet à feu vif pendant 5 minutes, ajoutez les oignons et les poivrons, puis laissez-les revenir 3 ou 4 minutes.

3. Ajoutez ensuite la sauce soja, la sauce d'huître et le sucre. Versez 1 verre d'eau, puis faites cuire au moins 3 minutes. À la fin de la cuisson, ajoutez la ciboulette, les dés d'ananas, les noix de cajou et les piments séchés, et mélangez bien encore une fois. Vous pouvez servir ce plat avec du riz blanc ou du riz gluant.

CHINE

BAR MARINÉ AU CITRON
et à la fleur de sel

Pour 4 personnes
Préparation : 15 minutes
Cuisson : 11 minutes

225 g de riz pour sushis
4 filets de bar
100 g de mesclun
Quelques graines germées de poireau et de radis
Le zeste râpé de ½ citron
½ cuil. à café de jus de citron
½ cuil. à café de sauce soja
3 cuil. à soupe d'huile d'olive
Fleur de sel et poivre

1. Faites cuire le riz selon les instructions notées sur le paquet. Laissez-le refroidir complètement.

2. Lavez le mesclun et les graines germées, égouttez-les bien. Mélangez le riz et le zeste de citron.

3. Préparez la marinade : dans un bol, mélangez l'huile d'olive, le jus de citron et la sauce soja. Coupez les filets de bar en tranches fines. Versez dessus la marinade et laissez-les reposer au moins 10 minutes.

4. Ajoutez le mesclun et les graines germées, mélangez bien. Assaisonnez de fleur de sel et de poivre. Répartissez le riz dans 4 bols et posez dessus la garniture.

POULET
en feuilles de pandanus

THAÏLANDE

Pour 4 personnes
Préparation : 30 minutes
Marinade : 8 heures
Cuisson : 3 minutes

4 cuisses de poulet
20 feuilles de pandanus environ
3 gousses d'ail
1 petit pied de coriandre avec la racine
2 cuil. à soupe de sauce soja
2 cuil. à soupe de sauce d'huître
1 cuil. à soupe de nuoc-mâm
1 cuil. à café de sucre en poudre
1 cuil. à café d'huile de sésame
Huile de friture

Pour la sauce :
10 cl de vinaigre de riz
3 cuil. à soupe de sauce soja
½ cuil. à café de purée de piments
1 cuil. à soupe de graines de sésame grillées
1 cuil. à soupe de sucre en poudre

1. Retirez la peau des cuisses de poulet, désossez-les et coupez en 4 à 6 morceaux. Déposez-les dans un plat creux.

2. Pelez les gousses d'ail. Rincez la coriandre et grattez la racine. Mettez-les dans le bol d'un mixeur avec la sauce soja, la sauce d'huître, le nuoc-mâm, l'huile de sésame et le sucre. Mixez jusqu'à l'obtention d'une consistance lisse, puis versez le mélange sur les morceaux de poulet. Remuez à plusieurs reprises pour bien les en imprégner, couvrez et laissez mariner une nuit au réfrigérateur.

3. Le lendemain, rincez et épongez les feuilles de pandanus. Coupez-les en bandes de 15 cm de long environ. Enroulez chaque bouchée de poulet dans un morceau de feuille, puis tournez chaque bouchée d'un quart de tour et enroulez une seconde bande, dans l'autre sens. Attachez les petits paquets au fur et à mesure avec du raphia.

4. Préparez la sauce dans un bol : faites fondre le sucre dans le vinaigre, puis ajoutez les autres ingrédients et mélangez.

5. Faites chauffer un bain de friture à 170 °C et plongez-y les papillotes 3 ou 4 minutes, par petites quantités. Sortez-les au fur et à mesure avec une écumoire et égouttez-les sur du papier absorbant. Servez aussitôt, accompagné d'une coupelle de sauce.

TRAVERS DE PORC *caramélisés*

Pour 4 personnes
Préparation : 20 minutes
Cuisson : 1 h 45

750 g de travers de porc
25 cl environ de bouillon de volaille (frais ou préparé avec du concentré)
1 cuil. à café de sucre en poudre
2 cuil. à soupe de sauce soja foncée
1 cuil. à soupe de sauce soja claire
2 cuil. à café d'huile de sésame
1 cuil. à soupe d'huile (tournesol ou arachide)
2 cuil. à soupe de pâte de haricots noirs
1 noisette de gingembre frais
1 ciboule ou 1 oignon nouveau
1 petit piment
2 gousses d'ail

1. Pelez et écrasez l'ail, émincez la ciboule, épluchez et râpez le gingembre. Retirez les graines du piment et hachez-le finement. Réunissez le tout dans un bol, ajoutez la pâte de haricots noirs et l'huile de sésame, puis mélangez.

2. Coupez les travers de porc en morceaux de 5 ou 6 cm. Faites-les revenir 5 minutes à la poêle, avec l'huile, en les retournant plusieurs fois, de manière à les dorer de tous côtés. Incorporez la préparation précédente, mélangez et laissez cuire encore 1 ou 2 minutes, sans cesser de remuer. Saupoudrez de sucre, versez les sauces soja et retirez du feu.

3. Préchauffez le four à 150 °C (th. 5).

4. Récupérez le jus de cuisson, puis transvasez le contenu de la poêle dans un plat en silicone ou une cocotte en fonte. Ajoutez le bouillon et complétez éventuellement avec de l'eau de manière à recouvrir les travers à mi-hauteur. Couvrez et enfournez pour 1 h 30 environ, jusqu'à ce que la viande soit tendre et fondante.

CHINE

GAMBAS AU SOJA
et au gingembre

Pour 4 personnes
Préparation : 20 minutes
Cuisson : 10 minutes

12 à 16 gambas (selon la taille)
1 poignée de pousses de soja frais
1 noix de gingembre frais
2 cuil. à soupe de jus de citron fraîchement pressé
1 gousse d'ail
4 cuil. à soupe de sauce soja claire
1 cuil. à soupe d'huile neutre
½ cuil. à soupe d'huile de sésame

1. Pelez et hachez finement le gingembre et l'ail. Mélangez-les dans un bol avec la sauce soja, les huiles et le jus de citron.

2. Retirez la tête des gambas, puis décortiquez-les en prenant soin de laisser l'éventail de la queue. Incisez-les sur toute la longueur du dos et retirez le petit boyau noir. Rincez-les à l'eau fraîche, puis épongez-les soigneusement dans du papier absorbant.

3. Préchauffez le four à 190 °C (th. 6-7).

4. Étalez les pousses de soja dans le fond d'un moule en silicone ou au centre d'un carré de papier sulfurisé ou cristal, puis disposez les gambas et arrosez régulièrement de sauce. Couvrez le moule ou formez une papillote et enfournez pour 10 minutes environ.

5. Servez bien chaud, dès la sortie du four.

VIETNAM

PORC SAUTÉ AUX COURGETTES *à l'aigre-douce*

Pour 4 personnes
Préparation : 10 minutes
Cuisson : 10 minutes

3 tranches de rôti de porc
2 grosses courgettes
1 gros oignon
2 belles gousses d'ail
3 tranches de gingembre
5 cuil. à soupe d'huile de tournesol
4 cuil. à soupe de sauce soja
3 cuil. à soupe de vinaigre
2 cuil. à soupe de sucre en poudre
½ cuil. à soupe d'huile de sésame
Sel

1. Émincez la viande en fines lamelles et l'oignon en tranches fines. Hachez l'ail et le gingembre. Épluchez les courgettes et coupez-les en allumettes.

2. Faites revenir l'oignon dans une poêle avec 3 cuillerées à soupe d'huile. Ajoutez la viande et laissez-la prendre couleur. Réservez.

3. Rincez et essuyez la poêle, versez le reste de l'huile et faites revenir l'ail et le gingembre. Ajoutez les courgettes, mélangez, puis incorporez la viande précuite. Salez, versez la sauce soja, le vinaigre et le sucre. Laissez mijoter pendant 1 ou 2 minutes. Versez l'huile de sésame et servez aussitôt. Les courgettes doivent être encore croquantes.

POULET TANDOORI

Pour 4 personnes
Préparation : 20 minutes
Marinade : 6 heures
Cuisson : 45 minutes

4 cuisses de poulet fermier
5 gousses d'ail
1 morceau de gingembre de 8 cm environ
1 cuil. à soupe de ghee (ou de beurre fondu)
200 g de fromage blanc en faisselle
1 cuil. à soupe de jus de citron vert
1 cuil. à soupe d'huile de tournesol
1 cuil. à café de graines de cumin (ou ½ cuil. à café de cumin en poudre)
1 cuil. à café de graines de coriandre (ou ½ cuil. à café de coriandre moulue)
1 cuil. à café de graines de moutarde (ou 2 cuil. à café de moutarde à l'ancienne)
1 pincée de paprika
1 pincée de curcuma
1 cuil. à soupe de garam masala
Sel et poivre

1. Ôtez la peau des cuisses de poulet, puis incisez en profondeur, en plusieurs endroits, avec un couteau pointu.

2. Faites roussir à sec les graines de cumin, de coriandre et de moutarde dans une poêle antiadhésive, pendant 20 secondes.

3. Pelez et hachez les gousses d'ail, pelez le gingembre et coupez-le en dés. Mettez ail et gingembre dans un mortier, ajoutez les graines de cumin, de coriandre et de moutarde, écrasez le tout au pilon ou au mixeur.

4. Versez la préparation dans une jatte, ajoutez le jus de citron vert, le fromage blanc, le ghee, le paprika, le garam masala et le curcuma ; salez et poivrez. Mélangez bien, puis déposez les cuisses de poulet dans cette préparation et laissez-les mariner pendant au moins 6 heures, en les retournant plusieurs fois.

5. Préchauffez le four à 210 °C (th. 7). Huilez soigneusement une plaque de four et déposez-y les cuisses de poulet. Nappez-les de marinade et enfournez pour 45 minutes environ. Pendant la cuisson, nappez plusieurs fois les cuisses de marinade, afin de les enrober d'une couche parfumée qui va durcir. Servez chaud avec du riz.

INDE

CANARD SAUTÉ AUX PIMENTS
et au basilic

Pour 4 personnes
Préparation : 10 minutes
Cuisson : 3 minutes

400 g de chair de canard (filet ou cuisse désossée)
3 gousses d'ail
2 ou 3 petits piments
2 cuil. à soupe de sauce soja noire
3 cuil. à soupe de bouillon de volaille ou d'eau
2 cuil. à soupe d'huile de tournesol
1 grosse pincée de sucre en poudre
1 poignée de feuilles de basilic thaï

1. Pelez les gousses d'ail. Lavez et séchez les piments. Écrasez-les ensemble à l'aide d'un pilon et d'un mortier pour obtenir une pâte épaisse.

2. Coupez le canard en lamelles.

3. Versez l'huile dans un wok placé à feu vif. Quand elle est bien chaude, faites-y frire la pâte d'ail pendant 1 minute, sans cesser de remuer, puis ajoutez le canard et laissez-le cuire 2 ou 3 minutes selon la taille des morceaux, toujours en secouant régulièrement le wok.

4. Baissez légèrement le feu, ajoutez le bouillon, le sucre et la sauce soja, laissez encore 1 minute sur le feu.

5. Au dernier moment, ajoutez les feuilles de basilic, mélangez bien et servez dans de grands bols.

THAÏLANDE

SAINT-JACQUES
en bouillon thaï

Pour 4 personnes
Préparation : 25 minutes
Cuisson : 15 minutes

12 grosses noix de saint-jacques (ou 16 petites)
60 cl de bouillon de volaille (frais ou préparé avec du concentré)
1 grosse tomate
1 cuil. à soupe de jus de citron fraîchement pressé
½ à 1 cuil. à café de pâte de curry thaï (fort ou doux, selon le goût)
20 cl de lait de coco
1 tige de citronnelle
1 noix de gingembre frais
2 feuilles de lime
1 cuil. à soupe de feuilles de coriandre ciselées

1. Rincez les noix de saint-jacques à l'eau fraîche, puis épongez-les dans du papier absorbant. Réservez au réfrigérateur. Plongez la tomate 15 secondes dans l'eau bouillante, retirez la peau et les graines, puis taillez la chair en petits dés.

2. Retirez la feuille extérieure de la tige de citronnelle ainsi que la partie verte, puis émincez le reste. Pelez le gingembre et coupez-le en lamelles.

3. Chauffez le bouillon dans une casserole. Ajoutez le lait de coco, le curry, la citronnelle, les feuilles de lime et le gingembre. Faites cuire 10 minutes environ à frémissements, de manière à ce que le mélange réduise et épaississe très légèrement.

4. Préchauffez le four à 200 °C (th. 6-7). Répartissez les dés de tomate dans 4 papillotes en silicone et versez le bouillon chaud filtré. Ajoutez les noix de saint-jacques, couvrez et enfournez aussitôt pour 5 minutes. Servez chaud, parsemé de feuilles de coriandre et arrosé de quelques gouttes de jus de citron.

THAÏLANDE

LÉGUMES AU CURRY ROUGE
et tamarin

Pour 4 personnes
Préparation : 20 minutes
Cuisson : 20 minutes

1 chou-fleur
2 courgettes
200 g de pois gourmands
½ radis blanc
2 cuil. à soupe de sucre de canne
2 cuil. à soupe d'huile
1 cuil. à soupe de pâte de curry rouge
½ botte de ciboulette thaïe
1 l de lait de coco
3 cuil. à soupe de sauce de poisson
1 cuil. à soupe de concentré de tamarin

1. Séparez le chou-fleur en fleurettes et lavez-les. Épluchez et coupez les courgettes en morceaux. Équeutez et réservez les pois gourmands. Épluchez et coupez le radis en cubes de 3 cm environ. Lavez et ciselez la ciboulette.

2. Versez l'huile dans le wok et faites chauffer à feu moyen. Faites revenir la pâte de curry rouge pendant 2 minutes. Versez ensuite le lait de coco et 2 verres d'eau, et laissez cuire 2 minutes. Incorporez le sucre de canne, la sauce de poisson et le concentré de tamarin. Ajoutez le radis blanc, puis laissez cuire au moins 5 minutes.

3. Ajoutez le chou-fleur, les courgettes et laissez cuire 5 minutes. Ajoutez ensuite les pois gourmands, puis laissez cuire encore 3 minutes. Hors du feu, parsemez de ciboulette. Servez avec du riz blanc.

INDE

FONDUE THAÏLANDAISE

Pour 6 personnes
Préparation : 40 minutes
Cuisson : 10 minutes

600 g de filet de poulet sans peau
600 g de queues de crevettes crues
1,2 l de bouillon de volaille (frais ou préparé avec du concentré)
30 cl de lait de coco
2 tiges de citronnelle
1 morceau de galanga ou de gingembre frais (5 cm)
2 échalotes
6 à 8 feuilles de lime (ou 1 cuil. à soupe de zeste de citron vert)
3 cuil. à soupe de jus de citron vert
1 petit piment rouge (facultatif)
1 cuil. à soupe de sucre en poudre
2 cuil. à soupe de nuoc-mâm
Quelques feuilles de basilic thaï
Riz blanc pour accompagner

1. Retirez le vert des tiges de citronnelle. Écrasez-les avec le plat d'une lame de couteau. Épluchez et émincez les échalotes et le galanga. Coupez le piment en deux dans la longueur, retirez les graines, puis émincez-le en fines lanières.

2. Faites chauffer le bouillon dans une casserole avec les échalotes, la citronnelle, le galanga et les feuilles de lime. Amenez à frémissements et laissez cuire 30 minutes à feu très doux.

3. Décortiquez et rincez les queues de crevettes. Coupez le poulet en lamelles épaisses. Disposez-les dans des plats, couvrez et réservez au réfrigérateur.

4. Versez le bouillon dans le poêlon en le filtrant à travers une passoire. Ajoutez le sucre, le nuoc-mâm, le lait de coco, le jus de citron vert et le piment. Faites repartir l'ébullition et laissez mijoter 10 minutes.

5. Posez le poêlon sur le réchaud, ajoutez les feuilles de basilic et maintenez un petit bouillottement pendant tout le repas. Disposez les autres ingrédients sur la table.

6. Placez un bol et une épuisette à fondue devant chacun. On cuit poulet ou crevettes selon son goût et on les déguste avec du riz arrosé de bouillon au lait de coco.

THAÏLANDE

PORC TONKATSU

Pour 4 personnes
Préparation : 10 minutes
Cuisson : 12 minutes

4 escalopes de porc assez fines (de préférence dans l'échine)
1 œuf
40 g de panko (chapelure japonaise en vente dans les épiceries asiatiques)
40 g de farine de blé
20 cl d'huile végétale
Sel et poivre

1. Dans une assiette creuse, versez la farine, salez, poivrez et mélangez.

2. Dans un bol, battez l'œuf à la fourchette avec 3 cuillerées à soupe d'eau et réservez.

3. Aplatissez au maximum les escalopes de porc pour en faciliter la cuisson, en vous aidant d'un rouleau à pâtisserie si nécessaire. Passez-les dans la farine, puis dans l'œuf battu et enfin dans le panko.

4. Dans une grande sauteuse, chauffez l'huile, puis faites cuire les escalopes panées à feu moyen, 6 minutes de chaque côté.

5. Égouttez sur du papier absorbant, puis servez avec une salade de chou blanc finement émincée et de la sauce Bull-Dog® (en vente dans les épiceries japonaises).

FONDUE CANTONAISE
aux boulettes

CHINE

Pour 4 personnes
Préparation : 40 minutes

1,5 l de bouillon de volaille
350 g de queues de crevettes crues décortiquées
250 g de porc haché
1 blanc d'œuf
2 cuil. à café de fécule de pomme de terre
2 cuil. à soupe de sauce soja claire
½ cuil. à café de sucre en poudre
2 cuil. à soupe de feuilles de coriandre ciselées
2 tiges de coriandre
2 ciboules
1 rondelle de gingembre frais
Sel et poivre blanc
Vermicelles de riz pour accompagner

1. Émincez les ciboules. Rincez et séchez les queues de crevettes, puis hachez-les très finement.

2. Mettez les crevettes et le porc hachés dans un grand bol avec le blanc d'œuf, la moitié de la sauce soja et le sucre. Saupoudrez la fécule en surface, ajoutez la coriandre ciselée, salez, poivrez puis malaxez à la spatule jusqu'à ce que le mélange soit parfaitement homogène.

3. Humidifiez légèrement vos mains et moulez la préparation en boulettes de la taille d'une grosse noix. Mettez-les au fur et à mesure dans un plat.

4. Versez le bouillon dans le poêlon, ajoutez le gingembre et le reste de la sauce soja, et amenez doucement à ébullition. Posez-le sur le réchaud, ajoutez les ciboules et les tiges de coriandre, et maintenez le liquide frémissant pendant tout le repas. Disposez les boulettes et les coupelles de sauce sur la table.

5. Placez un bol, des baguettes et une épuisette à fondue devant chaque convive, pour saisir et faire cuire les boulettes dans le bouillon, puis les tremper dans une des sauces. Accompagnez de vermicelles de riz cuits.

BŒUF SAUTÉ
aux poivrons

Pour 4 personnes
Préparation : 15 minutes
Cuisson : 7 minutes

4 steaks de bœuf
1 poivron rouge
1 poivron vert
2 cuil. à soupe de sauce soja
1 cuil. à café de sucre en poudre
1 cuil. à café d'alcool de riz
5 cuil. à soupe d'huile de tournesol
Sel

CHINE

1. Coupez les steaks en fines lamelles et faites-les mariner dans un bol avec 1 cuillerée à soupe de sauce soja, ½ cuillerée à café de sucre en poudre et l'alcool de riz. Laissez reposer pendant 10 minutes.

2. Lavez les poivrons, retirez les graines et émincez la chair en fines lanières. Réservez.

3. Mettez à chauffer 2 cuillerées à soupe d'huile dans une poêle. Faites revenir les poivrons, salez. Retirez-les dès qu'ils sont saisis. Réservez.

4. Rincez et essuyez la poêle, puis faites chauffer le reste de l'huile. Ajoutez les lamelles de bœuf et laissez cuire à feu vif en remuant. Dès que le la viande commence à prendre couleur, incorporez les poivrons, ½ cuillerée à café de sucre en poudre et 1 cuillerée à soupe de sauce soja. Mélangez bien. Servez sur un lit de riz blanc.

YAKITORIS
de cuisses de poulet et gésiers aux légumes

Pour 4 personnes
Préparation : 30 minutes
Cuisson : 10 minutes

2 cuisses de poulet (400 g) désossées
150 g de gésiers de poulet
½ poivron ou
4 mini-poivrons verts
4 mini-maïs
1 tige d'oignon nouveau

Pour la sauce yakitori :
25 g de sucre de canne
10 cl de sauce soja
5 cl de mirin
5 cl de saké

JAPON

1. Préparez la sauce : dans une casserole, mettez tous les ingrédients de la sauce et portez à ébullition. Laissez réduire de moitié.

2. Découpez les cuisses de poulet et les gésiers en morceaux de 2,5 cm. Coupez la tige d'oignon nouveau en tronçons de 2,5 cm de longueur.

3. Piquez 3 ou 4 gésiers par brochette. Puis plantez sur chaque pique dans l'ordre : un morceau de tige d'oignon, un mini-maïs, un morceau de poulet, un morceau de tige d'oignon, un mini-poivron, un morceau de poulet.

4. Faites griller les brochettes au four ou au barbecue 10 minutes environ, puis trempez-les dans la sauce. Vous pouvez également étaler la sauce à l'aide d'un pinceau, deux à trois fois durant la cuisson.

5. Si vous utilisez une poêle pour faire dorer les brochettes, couvrez-les d'un papier d'aluminium afin d'obtenir une cuisson optimale. Une fois les brochettes cuites, versez la sauce par-dessus et laissez caraméliser. Servez avec du riz blanc.

立ち寄

MARMITE MONGOLE

Pour 6 personnes
Préparation : 30 minutes
Marinade : 10 minutes

800 g de gigot ou de filet d'agneau
200 g de foie d'agneau
3 rognons d'agneau
1,5 l de bouillon de volaille
2 cuil. à soupe de vin de riz (mirin) ou de xérès sec
1 rondelle de gingembre
200 g de shiitakés ou de champignons de Paris
¼ chou chinois
3 blancs de poireau
200 g de vermicelles de riz
Sauce satay du commerce

MONGOLIE

1. Épongez les viandes avec soin. Coupez-les en tranches fines. Coupez les rognons en cubes et enfilez-les sur de longues brochettes, en laissant largement dépasser la tige. Disposez-les sur des plats et réservez au réfrigérateur.

2. Mettez les vermicelles dans un grand bol, recouvrez-les d'eau bouillante et laissez-les tremper 10 minutes. Égouttez-les.

3. Préparez les légumes. Retirez le cœur dur du chou et émincez-le. Lavez les blancs de poireau et coupez-les en rondelles épaisses. Plongez-les 2 minutes dans l'eau bouillante, puis égouttez-les. Coupez la base des champignons, rincez-les rapidement et taillez-les en lamelles. Mettez-les séparément dans des grands bols.

4. Versez le bouillon dans le poêlon, ajoutez le vin de riz et le gingembre, et amenez doucement à ébullition. Placez-le sur le réchaud au centre de la table et maintenez-le frémissant pendant tout le repas. Disposez les plats de viande et de légumes, et des coupelles de sauce autour.

5. Placez un bol, des baguettes et une épuisette à fondue devant chaque convive, pour saisir les aliments et les cuire rapidement dans le bouillon. Quand il ne reste plus ni viandes ni légumes, réchauffez les vermicelles de riz dans le bouillon, puis servez-les dans les bols.

BO BUN

Pour 6 personnes
Préparation : 30 minutes
Cuisson : 10 minutes
Marinade : 30 minutes

500 g de bœuf coupé en fines lamelles
300 g de vermicelles de soja (haricots mungo)
1 piment rouge frais épépiné et ciselé
1 botte de coriandre hachée grossièrement
1 salade iceberg
2 carottes pelées et râpées
150 g de pousses de soja
1 concombre égrené et émincé
2 cuil. à café de vinaigre de riz
½ cuil. à café de sucre en poudre

Pour la marinade :
2 bâtons de citronnelle (partie blanche) hachés finement
3 gousses d'ail pelées et pressées
1 cuil. à soupe de sauce soja
1 cuil. à soupe d'huile végétale
1 cuil. à café de fécule de maïs

Pour la sauce :
3 cuil. à soupe de nuoc-mâm
Le jus de 1 citron vert
½ cuil. à café de sucre en poudre

1. Mettez le bœuf dans un plat avec tous les ingrédients de la marinade et laissez macérer 30 minutes au frais. Versez de l'eau bouillante sur les vermicelles de soja dans un grand bol 4 minutes puis égouttez-les et passez-les sous l'eau froide.

2. Coupez la salade. Faites tremper les carottes 10 minutes dans 8 cuillerées à soupe d'eau additionnée de vinaigre de riz et de sucre ; égouttez-les bien.

3. Préparez les bols de service : répartissez la salade, puis tous les légumes croquants, les vermicelles de soja bien égouttés que vous aurez coupés aux ciseaux au préalable. Mélangez tous les ingrédients de la sauce avec 3 cuillerées à soupe d'eau et versez le tout dans les bols.

4. Dans une poêle bien chaude, faites revenir les lamelles de bœuf en les remuant jusqu'à ce qu'elles soient dorées. Placez-les chaudes dans les bols et servez immédiatement. Décorez avec le piment et la coriandre. Vous pouvez ajouter aux bo bun des morceaux de nem ou de pâtés impériaux (voir p. 20) et des cacahuètes hachées.

VIETNAM

CURRY DE GAMBAS
au lait de coco

Pour 4 personnes
Préparation : 20 minutes
Cuisson : 10 minutes

600 g de gambas cuites
2 oignons
3 gousses d'ail
1 morceau de gingembre de 5 cm environ
1 citron vert
1 cuil. à soupe de ghee (ou de beurre fondu)
15 cl de lait de coco
5 gousses de cardamome
2 feuilles de laurier
1 piment oiseau
1 pincée de curcuma
Sel et poivre

1. Pressez le citron vert. Ouvrez les gousses de cardamome pour récupérer leurs graines. Pelez et hachez les gousses d'ail. Pelez le gingembre et coupez-le en dés. Mettez ail et gingembre dans un mortier, écrasez-les ou mixez-les. Épépinez et émincez le piment oiseau.

2. Pelez les oignons et émincez-les en rondelles. Détachez les anneaux les uns des autres avec les doigts. Faites chauffer le ghee dans une sauteuse, ajoutez les rondelles d'oignon et faites-les sauter à feu assez vif, en les laissant légèrement colorer.

3. Ajoutez la pâte d'ail et de gingembre, mélangez 30 secondes sur le feu, puis ajoutez le curcuma, les feuilles de laurier, le piment et les graines de cardamome. Arrosez de jus de citron vert et mélangez doucement. Incorporez le lait de coco et rectifiez l'assaisonnement.

4. Décortiquez les gambas, puis ajoutez-les dans la sauteuse. Mélangez bien et laissez cuire à feu doux 4 ou 5 minutes. Servez immédiatement.

INDE

SATAY AYAM

Pour 4 personnes
Préparation : 20 minutes
Cuisson : 10 minutes
Macération : 12 heures

400 g de blancs de poulet
Huile pour la plaque

Pour la marinade :
1 échalote
1 gousse d'ail
2 racines de coriandre
½ cm de gingembre frais
1 cuil. à soupe de coriandre moulue
1 cuil. à soupe de cumin moulu
1 cuil. à café de curcuma
1 cuil. à café de curry
1 cuil. à soupe de sauce soja
10 cl de lait de coco
1 cuil. à soupe de cassonade

Pour la sauce aux cacahuètes :
75 g de cacahuètes décortiquées non salées
1 cuil. à soupe de jus de citron vert
½ cuil. à café de purée de piments
10 cl de lait de coco
1 cuil. à soupe de sauce soja
½ cuil. à soupe de nuoc-mâm
1 cuil. à soupe de sucre brun

1. Faites dorer les cacahuètes quelques minutes à sec dans une poêle. Broyez-les en gros sable au robot électrique. Faites chauffer doucement la purée de piments et le sucre dans une petite casserole, puis délayez avec le lait de coco et 10 cl d'eau. Ajoutez le reste des ingrédients et laissez frémir 4 ou 5 minutes. Ajoutez les cacahuètes, mélangez et faites épaissir encore quelques instants, sans cesser de remuer.

2. Retirez la peau des blancs de poulet, puis coupez-les en lanières. Mettez-les dans un plat creux. Pelez l'ail, l'échalote et le gingembre. Lavez les racines de coriandre. Réunissez les ingrédients de la marinade dans le bol d'un robot et mixez jusqu'à l'obtention d'une pâte lisse. Versez-la sur le poulet et remuez longuement pour bien enrober les morceaux. Couvrez, mettez au réfrigérateur et laissez mariner une nuit.

3. Allumez le gril du four. Égouttez les morceaux de poulet et enfilez-les sur des brochettes en bambou. Rangez-les sur une plaque huilée et faites-les griller 5 minutes environ de chaque côté, jusqu'à ce qu'ils soient bien dorés, en les badigeonnant plusieurs fois de marinade.
Servez chaud avec du riz blanc et la sauce aux cacahuètes.

INDONÉSIE

POULET CHOP SUEY

Pour 4 personnes
Préparation : 20 minutes
Réfrigération :
10 minutes
Cuisson : 20 minutes

400 g d'escalope de poulet
150 g de germes de soja (haricots mungo) frais
2 carottes
1 oignon
2 ciboules (ou 1 cuil. à soupe de ciboulette ciselée)
½ cube de bouillon de volaille
½ cuil. à café de gingembre en poudre
1 cuil. à soupe de fécule (Maïzena® ou arrow-root)
1 cuil. à café de sucre blond de canne
2 cuil. à soupe de sauce soja
1 cuil. à soupe d'huile d'arachide
Huile de sésame
Sel

1. Dans un bol, mélangez le sucre et la sauce soja. Émincez le poulet en lanières et déposez-les dans une assiette creuse. Arrosez-les du mélange et laissez macérer 10 minutes au réfrigérateur.

2. Pendant ce temps, émincez finement les ciboules. Pelez et émincez l'oignon. Pelez et lavez les carottes, puis coupez-les en fins bâtonnets. Lavez les germes de soja et épongez-les sur un linge.

3. Chauffez l'huile d'arachide dans un wok (ou une sauteuse) et faites-y revenir l'oignon avec une pincée de sel pendant 2 ou 3 minutes. Ajoutez le poulet égoutté, les carottes et les germes de soja. Saupoudrez de gingembre en poudre et mélangez. Délayez la fécule avec le bouillon et versez le tout dans le wok. Faites cuire quelques minutes, jusqu'à ce que la sauce épaississe.

4. Ôtez du feu et parsemez de ciboules. Servez chaud, arrosé d'un filet d'huile de sésame.

CHINE

PHÒ

Pour 6 personnes
Préparation : 40 minutes
Cuisson : 2 h 50

600 g de plat de côtes
400 g de filet
1 gros oignon
6 ciboules (ou 1 botte de ciboulette)
30 g de racine de gingembre
1 piment allongé (vert ou rouge)
1 bouquet de coriandre
6 branches de basilic
6 branches de menthe
3 citrons verts
250 g de nouilles de riz
3 étoiles de badiane (anis étoilé)
1 bâton de cannelle
3 clous de girofle
Nuoc-mâm
Poivre

VIETNAM

1. Mettez le plat de côtes dans un faitout. Ajoutez 3 litres d'eau froide et portez à ébullition. Laissez frémir 10 minutes en écumant.

2. Allumez le gril du four. Épluchez l'oignon et le gingembre. Coupez-les en rondelles. Disposez-les côte à côte sur une plaque et glissez-les sous le gril. Laissez-les griller jusqu'à obtenir une intense coloration dorée, sans les laisser brûler. Ajoutez-les dans le faitout. Couvrez aux trois quarts et laissez frémir 1 h 30. Ajoutez la badiane, le girofle et la cannelle. Poursuivez la cuisson 1 heure.

3. Faites cuire les nouilles selon les indications portées sur l'emballage, puis égouttez-les. Lavez et essorez la coriandre. Supprimez ses plus grosses tiges et ciselez finement le reste. Rincez et émincez les ciboules. Sortez la viande du bouillon. Coupez-la en lamelles très fines ainsi que le filet cru. Filtrez le bouillon de cuisson. Assaisonnez-le à votre goût avec 1 à 3 cuillerées à soupe de nuoc-mâm et du poivre. Portez-le à ébullition.

4. Rincez et essorez le basilic et la menthe. Rincez, épongez et émincez finement le piment. Coupez les citrons verts en quatre.

5. Répartissez les nouilles dans 6 grands bols, puis, dessus et dans l'ordre, les lamelles de viande cuite, celles de viande crue, la coriandre et les ciboules. Arrosez du bouillon très chaud. Laissez reposer 2 minutes et servez, avec le basilic, la menthe, le piment et les citrons à part : chacun en ajoutera dans son bol selon son goût.

SAYUR KARI

MALAISIE

Pour 6 personnes
Préparation : 30 minutes
Cuisson : 20 minutes

200 g de tofu
300 g de pommes de terre
150 g de haricots verts
2 piments verts frais
1 petit tronçon de gingembre frais de 2 cm de long
2 échalotes
3 gousses d'ail
150 g de germes de soja (haricots mungo)
30 g de vermicelles de riz
8 cuil. à soupe d'huile d'arachide
40 cl de bouillon de légumes
20 cl de lait de coco
1 cuil. à soupe de coriandre en poudre
1 cuil. à café de cumin en poudre
1 cuil. à café de curcuma
1 cuil. à café de piment en poudre
1 cuil. à café de pâte de crevettes
Sel

1. Coupez le tofu en petits dés. Pelez et émincez finement les échalotes, épépinez les piments et émincez-les. Pelez et pressez les gousses d'ail, pelez et râpez le gingembre frais. Pelez les pommes de terre, lavez-les et coupez-les en petits cubes. Effilez les haricots verts, lavez-les, puis coupez-les en petits tronçons. Lavez les germes de soja. Faites tremper les vermicelles de riz dans de l'eau bouillante pendant 5 minutes, puis égouttez-les bien.

2. Faites chauffer 6 cuillerées d'huile dans une sauteuse ou un wok, ajoutez les dés de tofu, et faites-les revenir en les remuant délicatement jusqu'à ce qu'ils soient bien dorés et croustillants (1 minute environ). Égouttez-les sur du papier absorbant.

3. Versez 2 cuillerées à soupe d'huile dans une grande sauteuse, ajoutez les échalotes, les piments, l'ail et le gingembre. Faites revenir 5 minutes en remuant. Ajoutez ensuite toutes les épices et la pâte de crevettes.

4. Continuez la cuisson en remuant pendant encore 2 minutes. Versez le bouillon et le lait de coco. Laissez frémir, puis ajoutez les pommes de terre. Faites-les cuire en réduisant le feu pendant 10 minutes. Ajoutez ensuite les haricots verts et poursuivez la cuisson pendant encore 10 minutes. Incorporez enfin les germes de soja et les vermicelles. Faites cuire pendant 3 minutes environ, puis ajoutez les petits dés de tofu, salez et servez aussitôt.

NOUILLES SAUTÉES *traditionnelles*

Pour 4 personnes
Préparation : 15 minutes
Cuisson : 10 à 15 minutes

200 g de nouilles chinoises au blé
1 grosse carotte
1 gros oignon jaune
2 cébettes
4 cuil. à soupe de sauce soja
3 cuil. à soupe d'huile neutre (tournesol, par exemple)
Gros sel
Poivre

Pour personnaliser votre plat :
Sauce sweet chili
Oignons frits
Pousses de soja frais
Champignons noirs
Crevettes cuites, chair de crabe ou poulet
Menthe ou coriandre
Gingembre frais...

1. Faites bouillir de l'eau dans une casserole. Ajoutez une petite poignée de gros sel. Jetez les nouilles dans l'eau et laissez cuire 3 minutes. Égouttez et passez les nouilles sous l'eau froide. Égouttez de nouveau et réservez.

2. Épluchez et émincez l'oignon jaune. Épluchez la carotte et taillez-la en lanières à l'aide d'un économe. Émincez les cébettes, la tige verte et la partie blanche. Faites chauffer l'huile dans le wok, à feu vif.

3. Ajoutez l'oignon jaune et faites revenir sans coloration, en remuant régulièrement. Ajoutez les nouilles et la sauce soja, mélangez et laissez cuire à feu vif en remuant pendant 5 minutes environ. Complétez avec les lanières de carotte et les cébettes émincées. Poivrez. Poursuivez encore la cuisson 2 minutes, et rectifiez l'assaisonnement en versant un peu plus de sauce soja si nécessaire.

4. « Customisez » les nouilles en ajoutant les ingrédients de votre choix et servez chaud.

SUKIYAKI

JAPON

Pour 6 personnes
Préparation : 45 minutes
Réfrigération : 30 minutes
Cuisson : 5 minutes

900 g de bœuf tendre (filet, rumsteck)
6 œufs
300 g de nouilles udon
6 têtes de champignons shiitaké
3 ciboules
Quelques feuilles de chou chinois
Quelques feuilles d'épinards
200 g de pousses de bambou
60 cl de bouillon dashi (préparé avec du concentré)
40 cl de mirin (vin de riz) ou de xérès sec
10 cl de sauce soja claire
3 cuil. à soupe de sucre
1 cuil. à café d'huile de sésame
1 cuil. à soupe d'huile d'arachide

1. Coupez la viande en tranches fines. Disposez-les sur un plat, couvrez et réservez au réfrigérateur.

2. Préparez le bouillon dashi dans une casserole, amenez à ébullition, plongez-y les nouilles udon et faites-les cuire en respectant le temps indiqué sur l'emballage. Égouttez-les en conservant le bouillon et mettez-les dans un plat creux.

3. Mélangez le bouillon, le mirin, la sauce soja et le sucre. Remuez jusqu'à ce que ce dernier soit bien dissous et versez dans un grand bol.

4. Émincez les champignons en lamelles épaisses. Retirez les tiges des épinards et les côtes du chou, puis taillez les feuilles en lanières. Rincez les pousses de bambou, égouttez-les et coupez-les en lamelles. Émincez les ciboules. Disposez tous les légumes sur un grand plat. Placez le réchaud et le wok sur la table, la viande, les légumes, les nouilles et le bouillon autour.

5. Cassez les œufs dans 6 bols, placés devant chaque convive avec des baguettes.

6. Mélangez les huiles, enduisez le wok avec du papier absorbant et faites chauffer vivement. Mettez un peu de chaque élément dans le wok et faites revenir à feu assez vif, en remuant avec des baguettes. Au fur et à mesure de la cuisson, repoussez les aliments sur les bords, pour terminer la cuisson au centre. Recouvrez de bouillon et amenez à frémissements. Chacun prend un peu des aliments cuits et les trempe dans son œuf avant de déguster. Remplacez-les dans le wok et faites cuire au fur et à mesure.

LAU VIETNAMIEN

VIETNAM

Pour 6 à 8 personnes
Préparation : 40 minutes
Marinade : 1 heure
Réfrigération :
30 minutes
Cuisson : 20 minutes

1,2 kg de bœuf tendre (filet, rumsteck)
1 oignon rouge
100 g de germes de soja frais
1 botte de petits oignons nouveaux
1/4 chou chinois
1 poivron rouge
Quelques brins de coriandre
Quelques brins de menthe
2 étoiles de badiane
1 noix de gingembre frais
Le blanc de 1 tige de citronnelle
2 gousses d'ail
1 cuil. à soupe d'huile d'arachide
25 cl de vinaigre de riz
1 cuil. à café de sel
2 cuil. à soupe de sucre en poudre
40 galettes de riz rondes

1. Épluchez l'oignon, coupez-le en fines rondelles et séparez les anneaux. Mettez-les dans un plat, arrosez-les de 3 cuillerées à soupe de vinaigre de riz et laissez macérer 1 heure. Égouttez-les. Coupez la viande en lamelles très fines. Disposez-les sur un plat, répartissez les anneaux d'oignon dessus, couvrez et réservez au frais.

2. Épluchez et hachez les gousses d'ail. Faites-les revenir avec l'huile quelques instants à feu vif dans une sauteuse, sans les laisser colorer, puis versez le reste du vinaigre de riz et 1 litre d'eau. Ajoutez la badiane, le sucre, la citronnelle, le gingembre et le sel, amenez à frémissements et laissez cuire 20 minutes à feu très doux.

3. Rincez et essuyez les légumes. Retirez l'extrémité de la tige des petits oignons, puis coupez-les en lanières dans la hauteur. Émincez le chou et le poivron en petites bandes. Disposez-les côte à côte sur un grand plat avec le soja, la menthe et la coriandre.

4. Trempez les galettes de riz dans l'eau pour les assouplir. Empilez-les sur une assiette et couvrez-les avec un linge humide.

5. Versez le bouillon dans le poêlon, placez-le sur le réchaud et maintenez à petits bouillons pendant tout le repas. Disposez les autres ingrédients autour.

6. Placez une épuisette à fondue et des baguettes devant chaque convive. Chacun prend une galette de riz, la garnit de légumes, d'herbes et d'une lamelle de viande rapidement pochée dans le bouillon, puis forme un petit rouleau et le trempe dans la sauce.

SOUPE DE RAVIOLIS *aux crevettes*

CHINE

Pour 4 personnes
Préparation : 20 minutes
Cuisson : 10 minutes

500 g de grosses crevettes crues
4 feuilles de laitue
3 ciboules (ou oignons nouveaux) finement émincées
1 blanc d'œuf
120 g de pousses de bambou en boîte
24 carrés de pâte wonton
2 cuil. à soupe de coriandre ciselée
2 cuil. à café de gingembre frais finement râpé
1 cube de bouillon de volaille
1 cuil. à soupe de sauce soja
1 cuil. à soupe de vinaigre de Xérès
1 cuil. à café de fécule
½ cuil. à café de sucre en poudre
Sel et poivre

Pour la sauce :
1 pincée de gingembre en poudre
1 cuil. à café de graines de sésame grillées
1 cuil. à café de vinaigre de riz
1 cuil. à café de sauce soja
2 cuil. à soupe d'huile de sésame
Poivre

1. Préparez la sauce. Dans un bol, mélangez l'huile de sésame avec la sauce soja, le vinaigre de riz, le gingembre et le poivre, en remuant jusqu'à dissolution des ingrédients. Ajoutez les graines de sésame grillées. Réservez.

2. Égouttez les pousses de bambou, puis émincez-les et déposez-les dans un saladier. Décortiquez les crevettes et réservez les têtes dans un wok (ou une sauteuse). Hachez les crevettes et ajoutez-les dans le saladier, avec le gingembre, les ciboules (ou les oignons nouveaux), la sauce soja, le sucre, le blanc d'œuf, la fécule, le xérès et du poivre. Mélangez.

3. Posez un carré de pâte wonton sur le plan de travail, déposez 1 cuillerée de farce et humidifiez les bords. Rabattez le carré de pâte au-dessus de la farce en appuyant bien sur les bords pour refermer le ravioli. Procédez de même pour les autres raviolis et réservez-les au fur et à mesure sur une grande assiette.

4. Dans le wok où se trouvent les têtes de crevettes, versez 1 litre d'eau, ajoutez le cube de bouillon de volaille, puis salez légèrement et poivrez. Portez à ébullition, puis laissez frémir 5 minutes. Retirez les têtes de crevettes à l'aide d'une écumoire et déposez les raviolis. Couvrez. Laissez cuire 5 minutes.

5. Au moment de servir, déposez dans chaque bol 1 feuille de laitue, un peu de bouillon et 6 raviolis. Parsemez de coriandre. Proposez la sauce à part.

PORC SAUCE AIGRE-DOUCE

Pour 6 personnes
Préparation : 20 minutes
Cuisson : 15 minutes

1 filet mignon (600 g environ)
1 poivron rouge
1 œuf
2 cuil. à soupe de farine
3 ciboules (ou 1 cuil. à soupe de ciboulette ciselée)
2 cuil. à soupe de coriandre ciselée
2 ou 3 pincées de piment d'Espelette
200 g de pulpe de tomate en boîte
1 cuil. à soupe de concentré de tomate
2 cuil. à soupe de miel
5 cuil. à soupe de vin de riz
4 cuil. à soupe de vinaigre de riz (ou vinaigre blanc)
2 cuil. à soupe de sauce soja
2 cuil. à soupe d'huile d'olive
Sel

1. Coupez la viande en cubes de 2 cm de côté environ. Fouettez l'œuf dans un bol, puis versez-le dans une assiette creuse. Mettez la farine dans une autre assiette creuse, salez et mélangez.

2. Chauffez 1 cuillerée à soupe d'huile dans un wok (ou une grande sauteuse). Roulez les cubes de viande dans la farine, dans l'œuf battu, puis de nouveau dans la farine et déposez-les dans l'huile chaude. Faites-les dorer de tous côtés à feu vif, en remuant, puis réservez-les dans un plat tapissé de papier absorbant.

3. Émincez finement les ciboules. Lavez le poivron, puis pelez-le, coupez-le en deux et épépinez-le. Découpez-le en lanières. Mélangez dans un bol le vin, le vinaigre, la sauce soja, le miel, le concentré de tomate et le piment. Essuyez le wok et chauffez le reste d'huile. Faites-y sauter le poivron et les ciboules 2 minutes à feu vif.

4. Ajoutez le vin, le vinaigre, la sauce soja, le miel et le piment, puis mélangez. Remettez les cubes de porc, ainsi que les tomates et un peu d'eau si besoin. Laissez mijoter 5 minutes. Servez parsemé de coriandre.

CHINE

POULET BIRYANI

Pour 6 personnes
Préparation : 15 minutes
Cuisson : 50 minutes

12 pilons de poulet
250 g de riz basmati
200 g de pulpe de tomate
2 oignons hachés
3 gousses d'ail écrasées
20 cl de lait de coco
60 cl de bouillon de volaille dégraissé
2 cuil. à soupe de coriandre (ou de persil plat) ciselée
2 cm de gingembre frais râpé
1 cuil. à café de curcuma en poudre
2 cuil. à soupe d'huile d'arachide
Sel et poivre

1. Rincez le riz, puis égouttez-le.

2. Chauffez l'huile dans une cocotte à fond épais. Déposez-y les pilons, salez et poivrez, puis faites-les dorer de tous côtés à feu moyen. Réservez-les dans un plat creux.

3. Ajoutez dans la cocotte les oignons, l'ail, le curcuma, le gingembre et une pincée de sel. Faites revenir le tout 5 minutes en remuant, puis remettez les pilons, arrosez avec le lait de coco et le bouillon.

4. Ajoutez enfin le riz égoutté et la pulpe de tomate. Mélangez délicatement.

5. Couvrez la cocotte et laissez mijoter 40 minutes à feu doux. Servez chaud, parsemé de coriandre (ou de persil).

INDE

TOFU FAÇON MAISON

Pour 4 personnes
Préparation : 10 minutes
Cuisson : 15 minutes

2 morceaux de tofu frais de 200 g
1 belle tranche de rôti de porc
1 oignon
1 poivron vert ou rouge
2 gousses d'ail
3 tranches de gingembre
5 tiges d'oignon nouveau
Huile pour la friture
3 cuil. à soupe d'huile
1 cuil. à soupe de graines de soja fermentées
½ cuil. à café de piment en poudre
2 cuil. à café de sauce soja
½ cuil. à café de sucre en poudre
Sel

1. Débitez la viande en fines lamelles. Coupez grossièrement l'oignon et le poivron. Hachez l'ail et le gingembre, et ciselez les tiges d'oignon en petits morceaux. Coupez le tofu en deux, puis réalisez des tranches de 0,5 cm d'épaisseur.

2. Faites chauffer l'huile de friture au fond d'un wok et faites dorer les morceaux de tofu par petites quantités. Transférez-les au fur et à mesure dans une passoire. Laissez égoutter.

3. Mettez l'huile à chauffer dans une poêle. Faites revenir l'oignon et le poivron hachés. Transférez-les dans un bol et remplacez-les dans la poêle par la viande. Saisissez cette dernière sur feu vif avec l'ail et le gingembre. Ajoutez les graines de soja fermentées, le piment en poudre, la sauce soja et le sucre. Salez.

4. Mélangez et incorporez les morceaux de tofu frits. Laissez mijoter pendant 5 minutes pour que le tofu absorbe bien la sauce. Remettez l'oignon et le poivron dans la poêle pour les réchauffer. Parsemez de tiges d'oignon nouveau ciselé avant de servir.

CHINE

POULET AUX PISTACHES

Pour 4 personnes
Préparation : 30 minutes
Cuisson : 40 minutes

600 g de blancs de poulet
2 oignons
3 gousses d'ail
110 g d'amandes concassées
130 g de pistaches non salées concassées
3 cuil. à soupe de fromage blanc en faisselle
1 morceau de gingembre de 5 cm environ
1 cuil. à soupe de ghee (ou de beurre fondu)
5 gousses de cardamome
½ cuil. à café de cumin en poudre
1 cuil. à café de graines de coriandre
2 clous de girofle
6 filaments de safran
Sel et poivre

INDE

1. Détaillez les blancs de poulet en cubes. Salez-les et poivrez-les. Écrasez les gousses de cardamome et récupérez leurs graines noires. Pelez et hachez finement les oignons.

2. Pelez et hachez les gousses d'ail. Pelez le gingembre et coupez-le en dés. Mixez ail, gingembre et clous de girofle ou écrasez-les au mortier.

3. Faites chauffer le ghee dans une sauteuse, ajoutez les graines de coriandre, le cumin et les graines de cardamome, et laissez-les roussir 30 secondes pour exhaler leur saveur. Ajoutez les cubes de poulet et faites rissoler 3 ou 4 minutes, en remuant de temps en temps. Ajoutez les aromates pilés et les oignons hachés, mélangez bien et laissez suer 5 minutes sur feu moyen.

4. Mouillez avec 20 cl d'eau, salez et poivrez, mélangez bien. Couvrez et baissez le feu au minimum. Laissez mijoter 25 minutes.

5. Pendant ce temps, faites infuser les filaments de safran dans 2 cuillerées à soupe d'eau tiède. Travaillez la faisselle dans un bol pour l'assouplir, puis ajoutez-lui les amandes et les pistaches concassées.

6. Versez la préparation à la faisselle dans la sauteuse, mélangez délicatement. Ajoutez l'infusion de safran. Laissez cuire à couvert, sur feu très doux, pendant 5 minutes. Rectifiez l'assaisonnement avant de servir.

FONDUE CHINOISE

Pour 6 personnes
Préparation : 45 minutes
Réfrigération : 15 minutes

300 g de bœuf tendre (filet, cœur de rumsteck)
300 g de filet de poulet sans peau
300 g de blancs de calamars
600 g de grosses crevettes crues
150 g de vermicelles de riz
1,5 l de bouillon de volaille
80 g de champignons chinois
2 cuil. à soupe de sauce soja
2 cuil. à soupe de xérès sec
½ petit chou chinois
1 botte d'oignons nouveaux
2 petites carottes
100 g de jeunes épinards

Pour servir :
Sauce cacahuète du commerce
Sauce à l'ail du commerce

1. Coupez les viandes en lamelles fines. Retirez la tête des crevettes et décortiquez la queue en laissant l'éventail de l'extrémité. Taillez la chair des calamars en losanges ou en carrés et incisez-les en surface en dessinant des croisillons. Disposez-les sur des assiettes.

2. Épluchez et lavez les légumes. Taillez les carottes en rondelles fines, émincez le chou et les oignons nouveaux. Équeutez les épinards. Mettez-les dans des bols séparés. Coupez la base des champignons chinois et émincez-les.

3. Chauffez le bouillon à feu doux dans le poêlon avec les champignons chinois, la sauce soja et le xérès. Quand il atteint juste l'ébullition, posez-le sur le réchaud au centre de la table et maintenez un léger bouillottement pendant tout le repas.

4. Répartissez les plats de viande, de fruits de mer, de légumes et les sauces autour. Placez un grand bol et une épuisette à fondue devant chaque convive, qui fera cuire les aliments dans le bouillon selon son goût.

5. En fin de repas, mettez les vermicelles de riz dans le bouillon. Laissez bien chauffer, puis répartissez-les dans les bols avec le reste du bouillon.

CHINE

CURRY D'AGNEAU DE SUMATRA

Pour 6 personnes
Préparation : 10 minutes
Cuisson : 1 h 20

1 kg d'agneau coupé en morceaux
220 g de haricots verts
12 gombos
140 g d'échalotes pelées
5 gousses d'ail pelées
5 cm de gingembre pelé
1 poivron rouge épépiné
2 cuil. à café de paprika
1 cuil. à café de piment de Cayenne
4 cuil. à café de coriandre en poudre
2 cuil. à café de cumin en poudre
½ cuil. à café de cannelle en poudre
½ cuil. à café de cardamome
40 cl de lait de coco
6 cuil. à soupe d'huile de tournesol
2 cuil. à soupe de pâte de tamarin
1 cuil. à café de sel

1. Laissez reposer le lait de coco plusieurs heures avant de commencer la recette.

2. Placez les échalotes, l'ail, le poivron rouge, le gingembre et toutes les épices dans le bol d'un robot et mixez finement le tout. Dans un wok ou une grande casserole, chauffez l'huile et quand elle est bien chaude faites revenir 12 minutes la pâte obtenue précédemment : elle devient rouge foncé.

3. Ajoutez l'agneau, couvrez et laissez cuire 10 minutes. Prélevez la crème qui s'est formée à la surface du lait de coco. Remuez le lait de coco et versez-le dans le wok ainsi que 20 cl d'eau, ajoutez le tamarin et le sel, couvrez et faites cuire à feu doux 45 minutes.

4. Ajoutez les haricots verts et les gombos, laissez mijoter encore 20 minutes. Rajoutez la crème de coco, faites chauffer encore quelques minutes et servez avec un riz parfumé.

INDONÉSIE

SHABU-SHABU

Pour 6 personnes
Préparation : 30 minutes
Réfrigération :
30 minutes

800 g de bœuf tendre (filet, rumsteck)
400 g d'agneau
200 g de tofu
6 ciboules
12 têtes de champignons shiitakés
Quelques feuilles de chou chinois
Quelques feuilles d'épinards
150 g de soja frais
1 cuil. à soupe d'huile d'arachide
80 cl de bouillon dashi (préparé avec du concentré)
15 cl de sauce soja claire
25 cl de vin de riz (mirin) ou de xérès sec
3 cuil. à soupe de sucre en poudre

Pour accompagner :
Riz blanc
Sauce au sésame du commerce
Sauce soja au gingembre du commerce

1. Coupez les viandes en lamelles épaisses. Disposez-les sur un plat, couvrez et réservez au frais.

2. Rincez et épongez le tofu, puis coupez-le en cubes de 1 cm. Faites-les revenir quelques minutes à la poêle, avec l'huile, pour les dorer légèrement, en les retournant plusieurs fois. Mettez-les dans un grand bol.

3. Rincez les champignons et coupez-les en lamelles. Coupez les ciboules en biais, en tronçons de 4 ou 5 cm. Retirez les côtes dures du chou et les tiges des épinards, puis taillez-les en bandes. Disposez tous les légumes côte à côte sur un grand plat.

4. Préparez le bouillon dashi dans le wok ou le poêlon, ajoutez le vin de riz, la sauce soja et le sucre, puis amenez doucement à ébullition en remuant.

5. Posez-le sur le réchaud au centre de la table et répartissez les autres plats autour. Réglez la température pour maintenir un petit bouillottement pendant tout le repas.

6. Placez un bol de riz, une épuisette à fondue et des baguettes devant chaque convive. Chacun réunit plusieurs éléments de la fondue dans une épuisette, les fait cuire dans le bouillon, puis les arrose de sauce pour les manger avec un peu de riz.

BIBIMBAP

CORÉE

Pour 6 personnes
Préparation : 45 minutes
Marinade : 30 minutes
Cuisson : 30 minutes

450 g de faux-filet coupé en lamelles de 0,5 cm
480 g de riz rond
Kimchi
6 œufs
300 g de pousses de soja
85 g de champignons shiitakés séchés
1 courgette
6 oignons blancs en lamelles
½ concombre égrené
3 cuil. à soupe d'huile de sésame grillé
1,5 cuil. à café de graines de sésame
3 cuil. à soupe de sauce soja
1 cuil. à soupe de vinaigre de riz
1 cuil. à café de sucre roux
Sel et poivre
Gochugaru

Pour la marinade :
2 cuil. à soupe de sauce soja
1 cuil. à soupe de miel d'acacia
1 cuil. à soupe d'huile de sésame grillé
2 gousses d'ail pelées écrasées
3 cm de gingembre pelé et râpé
1 cuil. à café de graines de sésame torréfiées

Pour la sauce pimentée aux dattes :
3 dattes
1 cuil. à soupe d'huile de sésame grillé
5 cuil. à soupe de gochujang

1. Réunissez les lamelles de bœuf et tous les ingrédients de la marinade dans un plat et laissez mariner de 30 minutes à 3 heures au frais. Réalisez la sauce aux dattes en mélangeant tous les ingrédients.

2. Lavez le riz, puis mettez-le dans une casserole avec 45 cl d'eau ; portez à ébullition à feu vif, couvrez et laissez cuire 15 minutes à feu doux.

3. Préparez les légumes : faites blanchir les pousses de soja 3 ou 4 minutes dans de l'eau additionnée de ½ cuillerée à café de sel ; égouttez-les et mélangez avec 1 cuillerée à café d'huile de sésame grillé et 1 cuillerée à café de graines de sésame torréfiées ; poivrez. Couvrez les champignons d'eau bouillante et laissez-les se réhydrater 10 minutes. Égouttez-les et séchez-les dans du papier absorbant ; faites-les cuire 10 minutes au wok avec la sauce soja, le sucre roux et les graines de sésame restantes ; laissez refroidir et coupez-les en fines lamelles. Réservez. Dans le même wok, faites revenir la courgette coupée en julienne 3 ou 4 minutes dans l'huile à feu vif, puis assaisonnez-la de sel, de poivre et de une pincée de gochugaru. Réservez. Mélangez les oignons blancs et les lamelles de concombre égrené avec 1 cuillerée à soupe d'huile de sésame et le vinaigre de riz, salez, poivrez et ajoutez une pincée de gochugaru. Réservez. Chauffez de l'huile dans le wok et quand elle est très chaude faites revenir les lamelles de bœuf, par petites quantités, 3 ou 4 minutes. Servez-les dans des bols contenant le riz et les légumes mis séparément les uns à côté des autres, posez un œuf cuit au plat sur le dessus et présentez avec du kimchi et la sauce pimentée aux dattes.

PAD THAÏ

THAÏLANDE

Pour 4 personnes
Préparation : 40 minutes
Marinade :
30 à 40 minutes
Cuisson : 20 minutes

100 g de nouilles de riz
250 g d'escalopes de poulet détaillées en lanières de 1 cm de large
12 crevettes crues, décortiquées
350 g de chou blanc
250 g de carottes
1 citron
2 gousses d'ail
300 g d'oignons jaunes
3 cébettes
1 petit morceau de gingembre
1 bouquet de menthe
100 g de cacahuètes grillées
2 cuil. à soupe de sucre en poudre
3 cuil. à soupe de nuoc-mâm + un peu pour la cuisson
4 cuil. à soupe d'huile de coco (ou, à défaut, d'huile neutre)
Sel

1. Préparez la marinade du poulet : exprimez le jus du citron et mélangez-le au nuoc-mâm et au sucre dans un bol. Ajoutez les gousses d'ail passées au presse-ail et le gingembre finement émincé. Mélangez et faites mariner le poulet dans cette préparation pendant 30 à 40 minutes.

2. Épluchez et émincez les oignons jaunes. Épluchez et râpez grossièrement les carottes. Émincez le chou blanc. Réservez les légumes. Ciselez la menthe, émincez les cébettes, concassez les cacahuètes (dans un blender, par exemple).

3. Faites ramollir les nouilles dans de l'eau très chaude pendant 5 minutes. Égouttez-les soigneusement et réservez.

4. Versez 2 cuillerées à soupe d'huile dans le wok. Quand elle est bien chaude, faites saisir les crevettes à feu vif (3 minutes environ), puis retirez-les. Sortez le poulet de sa marinade, en prenant soin de la conserver. Faites cuire le poulet à feu vif pendant 3 à 4 minutes et réservez-le.

5. Remettez 2 cuillerées à soupe d'huile dans le wok et faites cuire pendant 5 minutes à feu vif le chou et les oignons jaunes émincés en remuant régulièrement. Salez légèrement, ajoutez les nouilles et mélangez-les au chou et aux oignons tout en poursuivant la cuisson pendant 2 minutes. Ajoutez ensuite le poulet, les crevettes, les carottes râpées et la marinade. Mélangez et poursuivez la cuisson à feu vif pendant encore 2 minutes. Ajoutez si nécessaire un peu de nuoc-mâm et terminez en incorporant la menthe, les cébettes et les cacahuètes.

TOFU SAUTÉ AU BASILIC THAÏ

Pour 4 personnes
Préparation : 15 minutes
Cuisson : 20 minutes

250 g de tofu ferme
200 g de petits pois écossés
2 carottes
2 gousses d'ail
1 botte de basilic thaï
2 piments rouges thaïs
5 cuil. à soupe de sauce soja
3 cuil. à soupe d'huile de sésame
3 cuil. à soupe de sauce végétarienne pour sauté
200 ml + 2 cuil. à soupe d'huile
1 cuil. à soupe de sucre

1. Coupez le tofu en dés. Épluchez et coupez les carottes en dés. Écrasez les gousses d'ail et les piments. Rincez et ciselez le basilic thaï.

2. Jetez les petits pois et les carottes dans de l'eau bouillante et laissez-les cuire 10 minutes. Égouttez-les, puis plongez-les dans un grand bol d'eau froide.

3. Versez 200 ml d'huile dans le wok et chauffez à feu vif. Faites-y frire le tofu. Dès que les morceaux sont dorés, retirez-les et enlevez le surplus d'huile avec du papier absorbant. Réservez.

4. Versez 2 cuillerées à soupe d'huile dans le wok et faites chauffer à feu vif. Ajoutez l'ail et les piments. Écrasez et faites cuire 1 minute. Versez 1 verre d'eau, puis ajoutez les carottes et les petits pois.

5. Incorporez ensuite la sauce soja, la sauce végétarienne pour sauté, l'huile de sésame, versez le sucre et mélangez bien. Laissez cuire 5 minutes. Hors du feu, ajoutez le tofu, le basilic et mélangez soigneusement.

RAMEN

Pour 4 personnes
Préparation : 20 minutes
Cuisson : 2 h 20

Pour le porc laqué (chashu) :
500 g de poitrine de porc
1 cuil. à soupe d'huile végétale
½ poireau (parties blanches et vertes)
1 pincée de sel
50 g de sucre
30 cl de sauce soja
50 cl de saké
2 cm de gingembre

Pour les ramen :
4 kits de ramen surgelés (nouilles fraîches + bouillon)
2 œufs mollets
120 g de menma (condiment à base de pousses de bambou)
2 tiges d'oignon nouveau (parties blanches et vertes)

1. Préparez le porc laqué. Avec une ficelle alimentaire, liez bien le morceau de porc. Versez l'huile dans une cocotte et faites-y dorer le porc. Puis ajoutez de l'eau à hauteur de la viande et portez à ébullition. Ajoutez le poireau finement émincé et le sel. Laissez cuire 2 heures à feu doux.

2. Dans une poêle, faites réduire le sucre, la sauce soja, le saké et le gingembre coupé en morceaux. Puis enrobez le bloc de porc de cette sauce. Laissez-le refroidir, puis coupez-le en tranches de 5 mm d'épaisseur.

3. Préparez le bouillon selon les instructions mentionnées sur le paquet. Vous pouvez y ajouter le jus de cuisson de la viande. Faites cuire les ramen dans une grande casserole d'eau en suivant le temps de cuisson indiqué. Égouttez-les, versez-les dans un grand bol et ajoutez le bouillon. Faites cuire les œufs. Mettez-les dans l'eau bouillante et comptez 7 minutes à partir de l'ébullition. Coupez-les en deux, verticalement. Ciselez les tiges d'oignon. Posez sur les ramen les tranches de porc laqué, le menma, l'oignon nouveau et les œufs.

JAPON

VERMICELLES DE SOJA SAUTÉS
au bœuf et au brocoli

Pour 4 personnes
Préparation : 15 minutes
Cuisson : 15 à 20 minutes

3 œufs
300 g de bavette de bœuf
2 gousses d'ail
2 oignons
1 brocoli
1 carotte
1 citron vert
2 cuil. à soupe de sucre
4 cuil. à soupe d'huile
100 g de cacahuètes non salées
500 g de vermicelles de soja
5 cuil. à soupe de sauce d'huître
2 cuil. à soupe de sauce de poisson

THAÏLANDE

1. Faites ramollir les vermicelles de soja dans l'eau chaude pendant 10 minutes, puis égouttez-les soigneusement et réservez. Détaillez la bavette en lanières de 2 cm de large. Détachez les branches de brocoli des pieds et réservez-les. Épluchez la carotte et râpez-la. Écrasez les gousses d'ail, puis pelez et émincez les oignons. Pilez les cacahuètes.

2. Faites cuire le brocoli dans l'eau bouillante pendant 3 minutes, puis retirez-le. Faites chauffer 2 cuillerées à soupe d'huile dans le wok. Saisissez la bavette à feu vif 4 ou 5 minutes, puis retirez-la. Versez le reste d'huile dans le wok, puis ajoutez l'ail et les oignons et faites cuire 3 minutes. Ajoutez les œufs, mélangez à même le wok, jusqu'à obtenir une consistance d'œufs brouillés. Baissez l'intensité à feu moyen.

3. Ajoutez la bavette et faites-la sauter pendant 2 minutes. Ajoutez ensuite les vermicelles de soja, le brocoli et la carotte râpée. Puis versez la sauce d'huître, la sauce de poisson et incorporez le sucre. Mélangez régulièrement pendant 3 minutes. Servez avec un quart de citron vert et 2 cuillerées à soupe de cacahuètes par personne.

RIZ À L'ANANAS

Pour 4 personnes
Préparation : 15 minutes
Cuisson : 8 minutes

140 g de riz jasmin, cuit à la vapeur (soit 600 g environ)
12 queues de crevettes crues moyennes, décortiquées
4 tranches d'ananas frais
4 gousses d'ail
1 oignon
4 cuil. à café de curry en poudre
4 cuil. à soupe de sauce soja légère
1 cuil. à soupe de sucre en poudre
2 cuil. à soupe de ciboule hachée
4 cuil. à soupe de feuilles de coriandre ciselées
2 cuil. à soupe de cacahuètes ou de noix de cajou
4 cuil. à soupe d'huile de tournesol
Sel

1. Pelez et hachez très finement l'ail et l'oignon. Coupez l'ananas en dés.

Versez l'huile dans un grand wok à feu vif. Quand elle est bien chaude, faites-y revenir l'ail avec du sel, jusqu'à ce qu'il dégage son arôme et commence à dorer. Ajoutez l'oignon et la poudre de curry, remuez bien. Lorsque le mélange est bien parfumé, ajoutez les crevettes et faites-les cuire 3 minutes environ, en secouant souvent le wok.

2. Ajoutez le riz cuit et l'ananas, le sucre et la sauce soja ; mélangez bien et maintenez à feu doux 3 ou 4 minutes, sans cesser de remuer, pour bien réchauffer l'ensemble.

3. Servez dans un plat très chaud, parsemé de coriandre ciselée et de ciboule hachée ainsi que de cacahuètes ou de noix de cajou légèrement grillées à sec et pilées.

CURRY D'AUBERGINES
et de pommes de terre

Pour 4 personnes
Préparation : 15 minutes
Cuisson : 35 minutes

3 aubergines
2 pommes de terre à chair ferme
1 gros oignon
1 petit bouquet de coriandre
½ l de lait de coco
2 ou 3 cuil. à soupe de curry doux
Huile neutre

Sel

1. Rincez les aubergines, épluchez les pommes de terre, pelez l'oignon. Détaillez les aubergines et les pommes de terre en cubes de 1,5 cm environ. Coupez l'oignon en fines rondelles.

2. Faites chauffer un peu d'huile dans le wok et laissez-y revenir l'oignon. Quand il est translucide, ajoutez les aubergines et laissez cuire 5 minutes à feu doux, en remuant de temps en temps. Ajoutez les dés de pomme de terre, le curry, puis le lait de coco. Les amateurs peuvent remplacer le curry doux par un curry plus fort.

3. Salez et laissez cuire à couvert et à feu doux pendant 15 à 20 minutes, le temps que les pommes de terre soient cuites. En fin de cuisson, ciselez la coriandre et répartissez-la sur le plat.

INDE

WOK DE BŒUF
au lait de coco

Pour 4 personnes
Préparation : 1 heure
Marinade : 1 heure
Cuisson : 30 minutes

400 g de rumsteck émincé
350 g de nouilles aux œufs
2 gousses d'ail
1 oignon
1 botte de basilic
1 noix de gingembre hachée
25 cl de lait de coco
1 cuil. à soupe de sauce soja salée
1 cuil. à café de coriandre en poudre
1 cuil. à café de cumin
1 cuil. à café de cannelle en poudre
1 cuil. à café de purée de piments
Huile d'olive
Sel et poivre

1. Dans un saladier, mélangez le bœuf émincé avec le gingembre, la coriandre, le cumin, la cannelle et la purée de piments. Assaisonnez à votre convenance. Laissez mariner au frais pendant 1 heure. Pelez et émincez l'oignon. Pelez les gousses d'ail. Rincez et ciselez le basilic.

2. Versez le contenu du saladier dans un wok, arrosez d'un filet d'huile d'olive et faites dorer le tout une dizaine de minutes en remuant de temps en temps. Retirez le bœuf et, dans le même wok, disposez les gousses d'ail préalablement hachées et l'oignon émincé. Ajoutez le lait de coco et la sauce soja. Portez à ébullition, éteignez le feu, puis ajoutez le basilic ciselé.

3. Faites cuire les nouilles aux œufs selon les indications portées sur l'emballage. Ajoutez-les ensuite dans le wok, avec le lait de coco et le bœuf. Mélangez bien et servez très chaud.

VIETNAM

FLAN AUX AMANDES

Pour 4 personnes
Préparation : 20 minutes
Cuisson : 4 minutes
Réfrigération : 2 heures

1 cuil. à café d'essence d'amande
5 cuil. à soupe de lait concentré sucré
300 g d'eau
60 g de gélatine en poudre
4 cuil. à soupe de sucre
1 boîte de litchis ou de fruits au sirop de votre choix

1. Mélangez l'eau et le lait concentré dans une casserole. Ajoutez la gélatine et le sucre, puis faites chauffer à basse température. Versez l'essence d'amande et remuez bien.

2. Versez le contenu de la casserole dans un plat en verre, puis laissez refroidir. Réservez au réfrigérateur pendant 2 heures.

3. Au bout de ce temps, détaillez la gelée en petits dés. Répartissez-les dans des petits bols en porcelaine et décorez de litchis ou de fruits. Arrosez de sirop avant de servir.

CHINE

LASSI À LA MENTHE

Pour 4 personnes
Préparation : 5 minutes

4 yaourts brassés
1 bouquet de menthe fraîche
25 cl de lait froid
4 cuil. à soupe de sucre en poudre
8 glaçons
1 pincée de sel

INDE

1. Versez dans le bol d'un mixeur les yaourts, le lait, le sucre, le sel et les glaçons. Mixez quelques secondes, pour broyer en partie les glaçons.

2. Effeuillez la menthe. Ajoutez dans le bol du robot et mixez à nouveau, au moins 30 secondes.

3. Versez le lassi dans des verres hauts et servez immédiatement. (Sinon, laissez le lassi dans le bol du mixeur et entreposez au réfrigérateur. Mixez à nouveau, pendant 15 secondes, au moment de servir.)

MANGO SMOOTHIE

Pour 6-8 verres
Préparation : 10 minutes

2-3 mangues mûres
3 tasses de yaourt nature (75 cl)
37,5 cl de lait entier
6 cuil. à soupe de sucre en poudre
4 cardamomes réduites en poudre
1 pincée de fleur de sel
Glaçons

Pelez les mangues et coupez les bords sur la longueur, le long du noyau, allongé et étroit. Mettez la pulpe obtenue dans le bol d'un robot, ajoutez le yaourt, le lait, le sucre et quelques glaçons. Mixez. Versez dans de beaux verres et décorez de poudre de cardamome mélangée à la fleur de sel. Si vous utilisez de la mangue surgelée, il est inutile de rajouter des glaçons.

INDE

MOCHIS GLACÉS

Pour 4 personnes
Préparation : 15 minutes
Cuisson : 5 à 10 minutes

8 boules de glace (parfum au choix)
150 g de farine de riz shiratamako (ou, à défaut, de la farine de riz gluant)
150 g de sucre
40 g de fécule de pomme de terre
75 g de sirop de riz
1 cuil. à soupe de confiture ou 1 cuil. à soupe de thé matcha (facultatif)

1. Formez 8 boules de glace et gardez-les au congélateur. Dans une casserole humidifiée, mélangez la farine avec 30 cl d'eau et faites chauffer à feu doux en mélangeant à l'aide d'une cuillère en bois, jusqu'à ce que l'ensemble devienne homogène. Ajoutez la moitié du sucre. Remuez bien, puis ajoutez le reste de sucre et le sirop de riz et continuez à mélanger pour obtenir une pâte homogène et collante.

2. Enlevez la casserole du feu. Sur une planche saupoudrée de fécule de pomme de terre, étalez la pâte sur une épaisseur de 5 mm. Si vous souhaitez colorer la pâte, ajoutez 1 cuillerée à soupe de confiture. Il est aussi possible de mélanger du matcha (poudre de thé vert) à la farine. Couvrez-la de film alimentaire et laissez-la tiédir. Découpez la pâte en 8 portions égales.

3. Prenez une portion dans le creux de votre main, placez la boule de glace et refermez entièrement la pâte sur la boule. Faites rouler dans votre main afin d'obtenir une forme bien ronde. Gardez au congélateur jusqu'au moment de servir.

KULFI AUX PISTACHES

Pour 4 personnes
Préparation : 10 minutes
Cuisson : 1 heure
Congélation : 40 minutes

1 l de lait entier
200 g de lait concentré sucré
70 g de pistaches décortiquées non salées
5 gousses de cardamome

INDE

1. Ouvrez les gousses de cardamome et récupérez leurs graines. Écrasez-les au pilon dans un mortier ou sous un rouleau à pâtisserie. Concassez grossièrement les pistaches.

Versez le lait et le lait concentré sucré dans une casserole, ajoutez les graines de cardamome écrasées et portez à petits frémissements. Baissez le feu au minimum et laissez réduire pendant 1 heure environ, en remuant de temps en temps avec une cuillère en bois pour empêcher la formation d'une peau à la surface.

2. Coupez le feu, incorporez les pistaches et laissez refroidir, en mélangeant de temps en temps.

3. Versez dans une sorbetière la préparation refroidie et turbinez pendant 40 minutes. (À défaut, mettez dans une jatte, entreposez au congélateur et grattez toutes les 15 minutes avec une fourchette pour briser les cristaux de glace.)

4. Remplissez des moules (coniques, idéalement) de cette glace et conservez-la au congélateur. Démoulez 5 minutes avant de servir.

GÂTEAU DE RIZ *aux huit trésors*

CHINE

Pour 4 personnes
Préparation : 15 minutes
Marinade : 6 heures
Cuisson : 1 heure

300 g de riz gluant
75 g de margarine ou autre corps gras + un peu pour le bol
200 g de sucre en poudre

Pour les huit trésors :
3 sortes de fruits confits (rouges, verts et jaunes)
50 g de pignons de pin
50 g de noix
50 g de dattes confites
50 g de gingembre confit
50 g de litchis… ou autres fruits de votre choix

Pour le sirop :
3 cuil. à soupe de sucre en poudre
20 cl d'eau

1. Lavez le riz et laissez-le tremper pendant 6 heures. Rincez, puis laissez égoutter.

2. Enveloppez le riz dans un linge propre, puis déposez-le dans un rice-cooker (autocuiseur). Couvrez d'eau, puis procédez à la cuisson du riz. Versez-le ensuite dans un saladier. Sans le laisser refroidir, ajoutez la margarine et le sucre. Mélangez bien.

3. Coupez les fruits confits en petits dés. Graissez un grand bol supportant la chaleur, puis disposez joliment au fond les pignons de pin et quelques fruits confits colorés. Ils décoreront le dessus du gâteau car celui-ci sera renversé une fois cuit. Étalez dans le bol une couche de riz, puis une couche de « trésors » au choix. Recommencez jusqu'à épuisement des ingrédients, en terminant par une couche de riz. Tassez bien.

4. Faites cuire le gâteau à la vapeur pendant 30 à 45 minutes. Lorsqu'il est cuit, posez une assiette sur le bol, puis retournez le tout pour démouler le gâteau.

5. Préparez le sirop. Diluez le sucre dans l'eau (vous pouvez aussi réaliser un caramel léger). Versez ce sirop sur le gâteau encore chaud. Servez immédiatement.

RIZ AU LAIT DE COCO
et à la mangue

Pour 4 personnes
Marinade : 1 heure
Préparation : 20 minutes
Cuisson : 10 minutes

200 g de riz gluant
30 cl de lait de coco
2 petites mangues bien mûres
1 ½ cuil. à soupe de sucre en poudre
1 pincée de sel

THAÏLANDE

1. Faites tremper le riz pendant 1 heure dans un grand saladier d'eau froide. Égouttez-le.

2. Mettez le riz dans une casserole avec le lait de coco, le sucre et le sel. Amenez à ébullition, en remuant de temps en temps, puis baissez le feu et laissez cuire très doucement jusqu'à ce que le riz ait absorbé tout le liquide. Retirez du feu, couvrez et laissez reposer 5 minutes.

3. Étalez une gaze dans le fond du panier d'un cuit-vapeur et versez le riz dessus. Placez au-dessus de l'eau bouillante, couvrez et laissez cuire encore 15 à 20 minutes.

4. Tapissez 4 ramequins individuels de film alimentaire et remplissez-les de riz en tassant bien. Laissez refroidir.

5. Pelez les mangues, coupez-les en lamelles dans le sens de la longueur, jusqu'à ce que la lame du couteau rencontre le noyau.

6. Pour servir, démoulez les petits gâteaux de riz sur les assiettes et disposez les lamelles de mangue tout autour. Vous pouvez les napper d'un peu de lait de coco sucré.

PETITS GRATINS MANGUE-COCO

Pour 4 personnes
Préparation : 15 minutes
Cuisson : 15 minutes

2 mangues
Le jus de 2 oranges
3 jaunes d'œufs
4 cuil. à café de noix de coco râpée
50 g de sucre blond de canne
5 cl de rhum blanc

1. Pelez les mangues et coupez la chair en lamelles de part et d'autre du noyau, puis répartissez-les dans 4 petits plats à gratin.

2. Allumez le gril du four. Préparez un bain-marie en portant de l'eau à frémissements dans une casserole. Fouettez les jaunes d'œufs avec le sucre et le jus d'orange dans une terrine. Puis posez-la sur le bain-marie et continuez de fouetter jusqu'à l'obtention d'un sabayon crémeux, soit 5 minutes environ. Parfumez avec le rhum hors du bain-marie.

3. Nappez les mangues de ce sabayon, puis parsemez avec la noix de coco râpée. Faites dorer quelques instants sous le gril chaud et servez aussitôt.

CHAI

Pour 6 personnes
Préparation : 5 minutes
Cuisson : 5 minutes

1 morceau de gingembre de 5 cm environ
$1\frac{1}{2}$ cuil. à soupe de thé noir
50 cl de lait entier
4 cuil. à soupe de sucre en poudre
6 gousses de cardamome
1 clou de girofle

1. Pelez le gingembre et coupez-le en dés. Versez 60 cl d'eau dans une casserole, ajoutez le thé, le lait, le sucre, les dés de gingembre, les gousses de cardamome et le clou de girofle.

2. Portez à ébullition, laissez frémir 30 secondes, puis coupez le feu. Laissez infuser 2 ou 3 minutes.

3. Filtrez cette décoction à travers un filtre à café. Recueillez le jus obtenu et transvasez-le plusieurs fois d'une théière à une autre, de la plus haute distance possible (sans vous brûler...) : le chai va devenir trouble et mousser. Servez immédiatement.

INDE

PANCAKES À LA NOIX DE COCO

Pour 4 personnes
Préparation : 40 minutes
Macération : 24 heures
Cuisson : 20 minutes

2 mangues
125 g de farine de riz
½ cuil. à café de levure chimique
90 g de noix de coco râpée
30 cl de lait de coco
30 cl d'eau
1 grosse pincée de sel fin
Huile ou beurre pour la poêle

Pour le sirop vanillé :
150 g de sucre cristallisé
15 cl d'eau
1 gousse de vanille

THAÏLANDE

1. Préparez le sirop vanillé à l'avance. Versez le sucre dans une casserole avec l'eau et la gousse de vanille fendue en deux dans la longueur, et chauffez doucement en remuant jusqu'à ce que le sucre soit complètement fondu. Amenez à ébullition puis retirez du feu, couvrez et laissez refroidir complètement. Grattez l'intérieur de la gousse de vanille au-dessus du sirop pour récupérer les graines et jetez l'enveloppe. Réservez.

2. Mélangez le lait de coco et l'eau. Mettez la farine, la noix de coco, la levure et le sel dans un grand bol, remuez bien et creusez légèrement le centre. Versez progressivement le mélange eau-lait de coco en fouettant vivement. Continuez de battre jusqu'à l'obtention d'une pâte bien lisse.

3. Faites cuire 8 à 12 petites crêpes dans une poêle à blinis beurrée ou huilée, ou en versant de très petites louches dans une crêpière plus grande. Retournez-les quand le premier côté est bien doré pour faire cuire l'autre face. Étalez-les au fur et à mesure sur un plat, sans les empiler.

4. Pelez finement les mangues puis taillez la chair en longues lamelles, dans la longueur du fruit, en tournant autour du noyau. Servez 2 ou 3 petites crêpes par convive, en disposant harmonieusement les lamelles de mangue dessus et en nappant d'un peu de sirop vanillé au dernier moment.

NEMS DE BANANE
au caramel et au sésame

Pour 4 personnes
Préparation : 45 minutes
Cuisson : 2 ou 3 minutes par fournée

2 bananes
½ citron
2 rouleaux de feuilles de brick (90 g chacun)
200 g de sucre en poudre
2 cuil. à soupe de graines de sésame grillées
Huile de friture

THAÏLANDE

1. Pelez les bananes. Coupez-les en deux dans la longueur, puis chaque moitié en 4 tronçons égaux. Arrosez-les de jus de citron.

2. Déroulez les feuilles de brick en les détachant au fur et à mesure de leur support en papier et découpez des bandes de 12 cm de large. Placez un morceau de banane à 3 cm d'une extrémité, repliez le bout de la bande dessus et commencez à enrouler en serrant bien. Rabattez les côtés vers le centre, puis roulez le nem jusqu'au bout. Répétez l'opération avec le reste des ingrédients.

3. Faites chauffer un bain de friture. Plongez-y les rouleaux par petites quantités et faites-les dorer 2 à 3 minutes. Au fur et à mesure de leur cuisson, sortez les nems de la friture et égouttez-les sur du papier absorbant.

4. Préparez un caramel : faites chauffer doucement le sucre avec 3 cuillerées à soupe d'eau, en remuant un peu jusqu'à ce qu'il soit complètement dissous. Laissez cuire ensuite à petits bouillons, sans remuer, pour qu'il prenne une belle couleur blond clair. Surveillez attentivement la coloration et retirez du feu. Ajoutez les graines de sésame et mélangez.

5. Trempez rapidement les nems l'un après l'autre dans le caramel au sésame, puis aussitôt après dans un saladier d'eau glacée pour le faire durcir. Égouttez les nems quelques instants sur une grille et servez aussitôt.

ANANAS PANÉ
à la noix de coco et au curry

Pour 4 personnes
Préparation : 15 minutes
Cuisson : 4 minutes

1 ananas
1 citron vert
50 g de beurre
20 cl de lait de coco
150 g de noix de coco râpée
40 g de sucre roux
1 cuil. à café bombée
de curry en poudre jaune

VIETNAM

1. Ôtez le haut de l'ananas, puis coupez le fruit verticalement en deux, et à nouveau recoupez chaque moitié en deux, afin d'obtenir 4 barquettes. Détachez la chair de la peau de l'ananas à l'aide d'un grand couteau, puis coupez en morceaux chaque quartier.

2. Prélevez le zeste du citron vert, puis ajoutez-le au lait de coco. Réservez.

3. Mélangez la noix de coco, le sucre et le curry en poudre.

4. Passez les morceaux d'ananas dans le lait de coco, puis dans la panure coco-curry. Appuyez légèrement sur les morceaux d'ananas afin que la panure adhère bien.

5. Dans une grande poêle, faites fondre le beurre à feu moyen pour éviter qu'il ne noircisse, puis dorez les morceaux d'ananas 2 minutes de chaque côté, en les retournant avec précaution.

6. Servez chaud sur une salade de fruits ou accompagné d'une panna cotta.

DORAYAKI

JAPON

Pour 4 personnes
Préparation : 15 minutes
Réfrigération : 15 minutes
Cuisson : 30 minutes

1 cuil. à soupe de lait
2 œufs
100 g de farine
1 cuil. à café de levure chimique
50 g de sucre
60 g de miel
1 cuil. à soupe de beurre fondu
150 g de pâte de haricots rouges sucrée
Huile

1. Sortez le lait et les œufs à température ambiante.
Dans un saladier, mélangez la farine et la levure.
Dans un bol, fouettez les œufs et le sucre. Quand le mélange est homogène, ajoutez le lait, le miel et le beurre fondu. Mélangez à nouveau.

2. À l'aide d'une spatule, ajoutez la farine. Recouvrez la pâte d'un film alimentaire. Laissez-la reposer 30 minutes au réfrigérateur.

3. Avec cette pâte, formez 8 pancakes de 10 cm de diamètre. Faites-les cuire dans une poêle bien chaude, avec un peu d'huile. Retournez les pancakes lorsqu'on voit des petits trous d'air en surface. Laissez refroidir sur du papier cuisson.

4. Garnissez 4 pancakes chacun d'une grande cuillerée à soupe de pâte de haricots rouges et recouvrez-les avec les 4 autres pancakes.

SORBET AUX LITCHIS
et au gingembre

Pour 4 personnes
Préparation : 10 minutes
Congélation : 3 heures

400 g de litchis frais
(ou 1 boîte de litchis)
1 cuil. à soupe de gingembre
frais râpé
1 cuil. à soupe de sucre
en poudre

1. Si vous utilisez des litchis frais, pelez-les et dénoyautez-les. Puis mixez-les avec 10 cl d'eau, le sucre et le gingembre. S'il s'agit de litchis en boîte, égouttez-les en conservant le jus et mixez-les avec 10 cl de celui-ci.

2. Versez la préparation obtenue dans un moule de 20 cm environ de côté et réservez au congélateur pendant 3 heures.

3. Sortez la préparation glacée et cassez-la avant de la repasser à nouveau au robot. Mixez jusqu'à ce qu'elle soit ramollie.

4. Remettez-la dans le moule et laissez prendre au congélateur pendant une dizaine d'heures. Sortez le moule du congélateur et attendez 5 minutes avant de servir le sorbet dans des coupelles.

PERLES DU KERALA

Pour 8 personnes
Préparation : 25 minutes
Cuisson : 12 minutes

8 cl de lait entier
2 cuil. à soupe de ghee (ou de beurre fondu)
400 g de sucre en poudre
120 g de lait en poudre
1 cuil. à soupe de semoule de blé fine
2 cuil. à soupe de farine
1 cuil. à café de levure chimique
Huile de tournesol
4 gousses de cardamome
Eau de rose
2 étoiles de badiane (anis étoilé)

INDE

1. Versez le sucre en poudre dans une casserole, ajoutez 80 cl d'eau et les étoiles de badiane, portez à ébullition. Laissez bouillir 5 minutes, puis coupez le feu et ajoutez un trait d'eau de rose. Ôtez la casserole du feu.

2. Écrasez les gousses de cardamome et récupérez leurs graines noires. Pilez-les dans un mortier.

3. Dans une jatte, mélangez le lait en poudre, les graines de cardamome pilées, la semoule de blé, la levure et la farine. Ajoutez le ghee et travaillez du bout du doigt. Incorporez la moitié du lait et mélangez bien. Ajoutez progressivement le reste du lait, jusqu'à obtenir une pâte homogène et bien malléable.

4. Divisez la pâte en une trentaine de parts égales et roulez celles-ci en boules entre les paumes de vos mains.

5. Faites chauffer 4 cm d'huile de tournesol dans une sauteuse à 160 °C (un brin de persil déposé à la surface doit commencer à frire en 3 ou 4 secondes). Déposez-y les boules de pâte et faites-les frire jusqu'à ce qu'elles soient dorées de tous côtés.

6. Égouttez les *gulab jamun* à l'aide d'une écumoire et épongez-les sur du papier absorbant. Plongez-les dans le sirop à l'eau de rose et laissez-les jusqu'au moment de servir.

RIZ AU LAIT À LA CARDAMOME

Pour 4 personnes
Préparation : 10 minutes
Cuisson : 1 heure

140 g de riz basmati
140 g de sucre en poudre
2 l de lait
60 g d'amandes effilées
16 gousses de cardamome
1 étoile de badiane
(anis étoilé)

INDE

1. Écrasez les gousses de cardamome, récupérez leurs graines noires, puis mettez-les dans un mortier. Pilez-les finement (à défaut, broyez-les sous un rouleau à pâtisserie).

2. Versez le riz dans une passoire, rincez-le sous l'eau courante. Versez le lait dans une grande casserole, ajoutez le sucre en poudre, remuez pour dissoudre. Portez à petits frémissements. Versez le riz en pluie et mélangez immédiatement avec une cuillère en bois pour l'empêcher de s'amalgamer.

3. Ajoutez la cardamome et la badiane, baissez le feu au minimum et couvrez. Laissez mijoter 1 h 30 environ : le riz au lait doit devenir très onctueux. Mélangez délicatement de temps en temps, avec une cuillère en bois, pour éviter que le fond n'attache et que la surface ne forme une peau.

4. Faites revenir à sec les amandes effilées dans une poêle antiadhésive pendant 30 secondes.

5. Versez le riz au lait dans de petites coupelles et parsemez d'amandes avant de servir.

GOGUMATTANG

Pour 6 personnes
Préparation : 10 minutes
Trempage : 30 minutes
Cuisson : 6 minutes

1 patate douce
2 cuil. à soupe de miel
50 g de sucre en poudre
50 cl d'huile de pépins de raisin
2 cuil. à café de graines de sésame torréfiées

1. Coupez la patate douce en lamelles épaisses et mettez-les dans un bol d'eau froide 30 minutes pour éliminer l'amidon.

2. Mettez l'huile de pépins de raisin à chauffer dans une sauteuse ou une grande poêle. Séchez bien les lamelles de patate douce, puis plongez-les dans le bain d'huile bouillante. Faites-les dorer 4 à 6 minutes en les retournant à mi-cuisson.

3. Pendant ce temps, préparez un sirop en portant à ébullition le sucre et 5 cl d'eau. Ajoutez le miel, puis les patates douces bien égouttées. Enrobez-les bien de sirop au miel et disposez-les dans une belle assiette. Parsemez de graines de sésame et servez aussitôt. Ces frites se mangent très chaudes !

INDEX DES RECETTES

CRÉDITS

Recettes – Nathalie Nguyen : 6, 162 ; Estérelle Payany : 8, 104, 182 ; Vijai Acharya : 10, 24, 38, 94, 116, 140, 166, 170, 177, 186, 188 ; Sophia Young : 12, 114, 144, 148, 167, 190 ; Motoko Okuno : 14, 25, 46, 62, 76, 77, 78, 84, 110, 154, 168, 184 ; Sirikit Thaï : 16, 26, 28, 30, 32, 36, 60, 72, 96, 174, 188 ; Lucia Pantaleoni : 18, 34, 42, 56 ; Martine Lizambard : 20, 40, 58, 68, 71, 86, 88, 90, 98, 102, 106, 112, 118, 128, 130, 142, 146, 178, 180 ; Gabrielle Keng : 22, 29, 48, 74, 92, 108, 138, 164, 172 ; Véronique Liégeois : 44, 52, 54 ; Karen Fingerhut : 50 ; Sylvie Girard-Lagorce : 70, 124 ; Marine Crousnillon : 80, 126, 150, 160 ; Somnuek Royer : 64, 82, 100 ; 152, 156 ; Solveig Darrigo-Dartinet : 120, 132, 134, 136, 176, 185 ; Stéphanie Bulteau : 66 ; Françoise Zimmer : 122.
Photographies et Stylisme – Bernard Radvaner-Motoko Okuno : 7, 9, 21, 41, 51, 59, 71, 103, 105, 107, 113, 119, 131, 143, 147, 163, 181, 183 ; Valery Guedes-Natacha Arnoult : 11, 17, 23, 24, 27, 28, 29, 31, 33, 37, 39, 49, 61, 73, 75, 93, 95, 97, 109, 117, 139, 141, 159, 165, 166, 171, 173, 175, 177, 187, 189 ; Pierre-Louis-Viel-Motoko Okuno : 15, 25, 47, 63, 76, 77, 79, 85, 111, 129, 155, 169, 184 ; Valery Guedes-Chae Rin Vincent : 19, 35, 43, 57 ; Amélie Roche-Sandra Schuman : 45, 53, 55, 87 ; Amélie Roche-Audrey Cosson : 67 ; Olivier Rouault-Bernard Radvaner : 51 ; Jean-Marc Wullschleger-Léonard Sommet : 70 ; Pierre Chivoret-Alexia Janny : 83, 101, 145, 149, 153, 167, 157, 191 ; Amélie Roche-Alexia Janny : 89, 91, 99 ; Éric Fénot-Delphine Brunet : 69, 81, 121, 127, 133, 135, 137, 151, 161, 176, 185 ; Caroline Faccioli-Sabine Paris : 179 ; Jean Bono-Emmanuel Renault : 123 ; Alain Béguerie-Wei Jen Liu : 125 ; Caroline Faccioli-Sabine Paris : 179.